Gabriela Moyseowicz

Auf dich wartet dort keiner

Impressionen aus dem Leben der polnischen Komponistin und Pianistin

Berlin 2014

Gabriela Moyseowicz
Auf dich wartet dort keiner
Impressionen aus dem Leben der polnischen Komponistin und Pianistin
Berlin 2014

Dieses Buch wäre ohne die liebevolle Betreuung und kritische Begleitung durch Herta Steingroever nie entstanden. Ihrer engagierten Unterstützung und Freundschaft verdanke ich viel. Ein besonderer Dank gilt auch Carmen Hammer. Beide haben den Text gründlich durchgearbeitet und an manchen Stellen hilfreich eingegriffen.

Bibliografische Information der Deutschen Nationalbibliothek: Die Deutsche Nationalbibliothek verzeichnet diese Publikation in der Deutschen Nationalbibliografie; detaillierte bibliografische Daten sind im Internet über www.dnb.de abrufbar.

Gestaltung und Umschlagentwurf:
Kristin Huckauf, www.huckauf-design.de

Herstellung und Verlag:
BoD – Books on Demand, Norderstedt

ISBN 978-3-7357-2021-4

Gabriela Moyseowicz

Auf dich wartet dort keiner

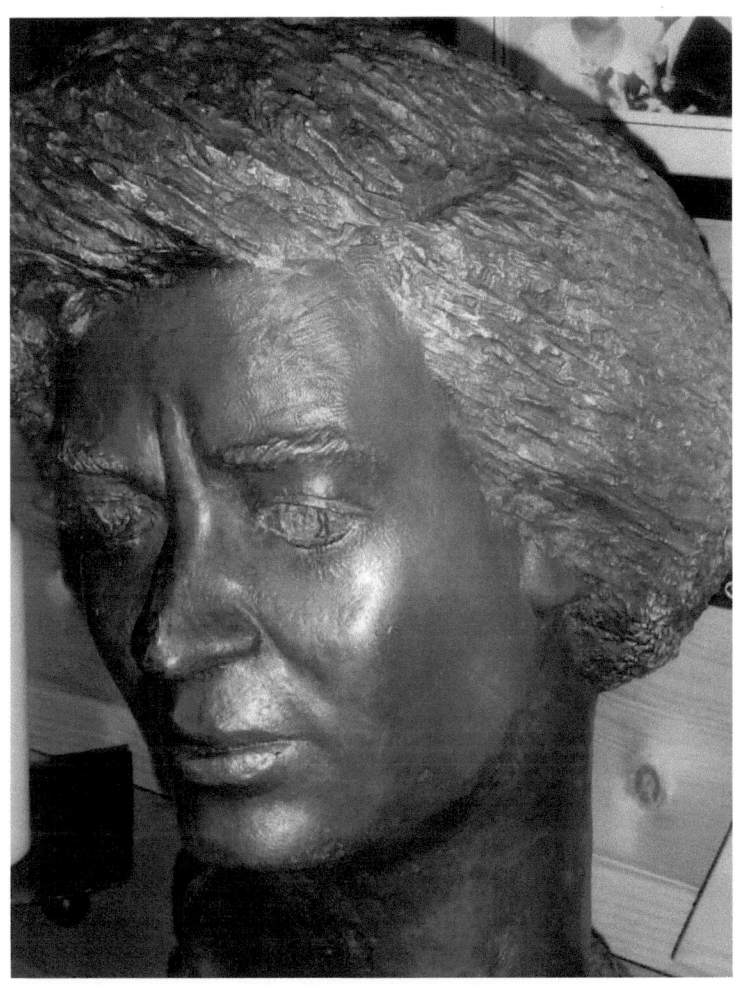

Gabriela Moyseowicz, Büste von Kazimierz Ryszka, 1995

Inhalt

Prolog	7
Lwów/ Lemberg	8
Von Lemberg nach Danzig: Kindheit in der Vertreibung	12
Von Autos und Abenteuern	14
Umzug nach Gleiwitz	18
Unser Hund Puncik	19
Von Hunden und Menschen	21
Unterrichtsanfänge am Klavier	22
Mein erstes größeres Werk	24
Studium am Lyzeum	26
Die Musikhochschulen in Krakau und Kattowitz	31
Zwischen Berufung und Beruf	40
„Die will ich küssen" – Lehrerin am Gleiwitzer Technikum	42
Brotlose Kunst: Die Schmierenoperette zwischen 1967–1974	43
Kompositionen und Konzerte	48
Gleiwitz, Juni 1974	59
Ein Neuanfang in Deutschland	60
Meine Auffassung von Musik	65
Sakrale Musik	68
Organistenschicksal	70
Ein Buch über mein Leben	73
Begegnungen	75
Freunde	79
Kaum ein berühmter Pole wurde in seinem Land groß	82
Werkverzeichnis	84
Auswahl von Konzertplakaten und Notenausgaben	88
Herausgegebene Werke	92
CD-Veröffentlichungen	94
Bildnachweis	95

Prolog

„Auf Dich wartet dort keiner." An diese Worte meiner Mutter erinnere ich mich jedes Mal, wenn ich mit irgendwelchen Schwierigkeiten in Deutschland konfrontiert bin. „Könnte mir so etwas auch in Polen passieren?", überlege ich. Meistens wird mir klar, es wäre genauso – oder noch schlimmer. Trotz aller Hindernisse, kann ich ruhig sagen, habe ich viel Glück in diesem Land gefunden. Dank wildfremder Menschen, die mich nicht kannten, aber mir vertrauten, habe ich mir eine würdige Existenz geschaffen.

Gabriela Moyseowicz, 1994

Ganz am Anfang, im November 1974, im Bus Nr. 10 in Siemensstadt, fragte ich eine Dame, wo ich aussteigen solle, weil ich zum Arbeitsamt wollte. Sie fragte, sind Sie Polin und brauchen Arbeit? Ja, sagte ich, ich bin Musikerin. Wie schön, erwiderte diese, ich habe eine polnische Freundin und Kinder, die Klavier spielen. Wohnen Sie in Siemensstadt und sind Sie zufälligerweise katholisch? Jawohl, antwortete ich. Wir trafen uns dann in der St. Josephkirche wieder und später auch bei ihr zu Hause. So habe ich die Familie Siebers kennengelernt. Sie wollten mir helfen und taten das auch! Herr Siebers fragte mich, ob ich Orgel spielen könne. Etwas unsicher sagte ich „ja". Darauf brachte er das kirchliche Liederbuch und bat mich, die Lieder auf dem Klavier zu spielen. Ich habe sie sofort harmonisiert und er war begeistert. Und Frau Siebers wurde aktiv. Sie fand für mich eine neue Bleibe bei einer älteren Dame und hat überall herumtelefoniert. Da zu diesem Zeitpunkt Mangel an Organisten in Berlin herrschte, wandte sie sich sogar an das Bischöfliche Ordinariat.

Schließlich fand ich jedoch auf eigene Faust eine Organistenstelle bei den Nonnen im Theodosiuskrankenhaus in Lankwitz. Allerdings: Sie wollten nicht nur eine Organistin aus mir machen, sondern auch eine Nonne. Beim Vorspiel auf der neu gebauten Orgel brachte ich Bachs „Fantasie und Fuge" zu Gehör. Damit hatte ich schon gewonnen. Während der drei Monate, die ich dort verbrachte, wurde sogar eine Schallplatte mit meinen Improvisationen und Kompositionen produziert, die ich dann für 12 DM kaufen durfte: DOMINE ANTE TE OMNE DESIDERIUM MEUM: Herr, auf dich hoffe ich.

„Aller Anfang ist schwer", hörte ich immer wieder, aber sehr viele liebe Menschen standen mir immer wieder bei. Die elementaren Deutschkenntnisse verdanke ich meiner Freundin Christine Kurepkat, einer meiner Klavierschülerinnen. Dank ihr und ihrer Familie habe ich in Berlin relativ schnell Boden unter die Füße bekommen. Vom ersten Besuch des Ku'damm bis zu Reisen nach Braunlage, Sylt oder Travemünde begleitete mich die Familie meiner Freundin. Die resolute Art, mit der mich Christine verteidigte, hat mich oft vor peinlichen Situationen gerettet. Meine angeborene Mentalität und übertriebene slawische Freundlichkeit standen mir allzu oft im Weg und wurden als Schwäche ausgelegt.

Es gab auch andere Personen, die mir mit ihrem Einsatz viel geholfen haben. Seit nun schon 20 Jahren auch Frau Herta Steingroever, die sogar für mich ein finnisches Holzhaus in ihrem Garten gebaut hat. Es gibt also eine Menge Menschen, die mir viel Zeit geopfert haben und denen ich vieles zu verdanken habe.

Lwów/ Lemberg

„Sollte ich noch einmal auf die Welt kommen, dann nur in Lwów." Das sind die Worte des Refrains eines Lemberger Chansons. Wenn man bedenkt, dass über Lemberg mehr als 200 Chansons geschrieben worden sind, dann kann man sich vorstellen, wie beliebt die Stadt gewesen ist. Die Einwohner Lembergs sprechen einen melodischen, durch Hunderte von Jahren herauskristallisierten polnischen Dialekt. Lemberg war eine sehr optimistische, nach modernen Maßstäben multikulturelle Stadt. In den Zeiten der

Lwów. Opernhaus

Teilung Polens waren vor allem Lemberg und Krakau die Bastionen des Polentums. In den durch Österreich 1772 und 1795 annektierten polnischen Gebieten (Galizien) herrschte eine Atmosphäre der Toleranz. Die Bewohner der Territorien, die unter der Herrschaft Preußens und Russlands standen, hatten keine Privilegien. Die Autonomie Galiziens war demgegenüber so beträchtlich, dass sich viele Polen mit der Abhängigkeit abgefunden hatten. Der österreichische Kaiser Franz Josef hatte eine gewisse Sympathie bei den Polen erweckt, die sich sogar in der Namensgebung der Kinder zeigte: Mein Vater, dessen Vater wiederum ein österreichischer Offizier im ersten Weltkrieg (1914–1918) gewesen war, wurde Adolf Maximilian genannt. Meine Tante hieß Janina Wilhelmina.

Nach der Auferstehung, also nach der Wiederherstellung Polens, dank des Versailler Vertrages 1919 hatte die Nation neue kreative Impulse bekommen. Die Begeisterung über ihre Freiheit war enorm. Um den jungen Staat zu stabilisieren, bemühte sich auch Ignacy Jan Paderewski, ein berühmter polnischer Pianist und Komponist, von dem man erzählt, er habe Polen durch sein Klavierspiel gewonnen. Tatsächlich kannte Paderewski persönlich viele Machthaber dieser Welt. Zur ihnen gehörten so einflussreiche

Menschen wie die Präsidenten der Vereinigten Staaten und die Könige von England. Das Ziel seiner Aktivitäten war, die Welt zu erinnern, dass Polen als Nation noch nicht verloren sei. Im Januar 1919 wurde Paderewski Ministerpräsident. Leider blieb er nur ein Jahr auf diesem Posten. Die politi-

Vorstand des Volkstheaters in Lemberg-Zamarstynow, meine Eltern 2. Reihe 3. und 4. von links

schen Streitigkeiten der vielen „Retter des Vaterlandes" führten dazu, dass Paderewski sich zurückzog und sagte: „Lieber spiele ich wieder Klavier!"
Meine Eltern wurden sehr patriotisch erzogen. Mein Vater, Jahrgang 1909, und meine Mutter, Maria Olga geb. Bombicka, Jahrgang 1910, lernten sich im Chor und Volkstheater in Lwów-Zamarstynow kennen. Vater konnte wunderbar Mandoline, Gitarre und Klavier spielen, Mutter hatte einen schönen Sopran. Sie heirateten am 13. Juni 1936. Mein Bruder, Zbigniew Tadeusz, kam am 28. Oktober 1941 auf die Welt. Da war die Freude über die Freiheit und das Vaterland schon längst verflossen. Es herrschten Terror und Hunger. Seit 1. September 1939 war Polen im Kriegszustand. Bereits in den ersten Tagen des Krieges war der Verlobte meiner Tante Janina Wilhel-

mina, Oberleutnant Jan Pitułko, gefallen. Beide hatten Weihnachten 1939 heiraten wollen. Kurz danach starb auch die Mutter meines Vaters. Vom 12. bis 21. September dauerte die Belagerung Lembergs durch die Deutschen und am 22. September marschierten die sowjetischen Truppen in die Stadt ein. Diese doppelte Aggression gegen Polen war die Folge des Hitler–Stalin-Abkommens. In der Zeit zwischen 22. September 1939 und 30. Juni 1941 hatten die Sowjets das Sagen in Lemberg. Hunderttausende Bewohner Ostpolens und vor allem Lembergs wurden in die asiatischen Gebiete verschleppt. Am 30. Juni 1941 marschierten die deutschen Truppen wieder in Lemberg ein. Am 4. Juli wurden 23 Professoren der Lemberger Hochschulen durch die Gestapo erschossen.

In diesem Zusammenhang klingt das, was mir meine Mutter erzählte, unglaublich: Kurz vor meiner Geburt nämlich hatte die Gestapo unsere Wohnung inspiziert. In dieser Zeit wohnte bei uns ein gewisser Albert. Ihm war es gelungen, aus dem Zug nach Auschwitz auszubrechen. Als die Gestapo die Wohnung betrat, hatte sich Albert im Zimmer hinter den Türen versteckt. Die Deutschen guckten wohl absichtlich nicht so genau und einer von ihnen sagte schließlich: „Es ist alles in Ordnung, gnädige Frau." Meine Mutter war überzeugt, dass sich diesmal die Menschlichkeit durchgesetzt hatte.

Hochzeitsbild meiner Eltern vom 13.06.1936

Nach Beendigung des Krieges war die Perspektive für Ostpolen nicht sehr ermutigend. Ende 1943 wurde klar, dass Hitler den Krieg verlieren würde. Die Verbündeten Stalin, Roosevelt und Churchill waren schon damals eifrig dabei, an einem neuen Europa zu basteln. Dafür brauchten sie drei Konferenzen: Teheran, Jalta und zum Schluss Potsdam; letztere mit dem Präsidenten Truman, Roosevelt war schon gestorben.

Die Folgen der dort beschlossenen Teilung Europas in die verschiedenen Einflussgebiete waren tragisch. Die Abhängigkeit von den Siegermächten prägte auf Jahrzehnte die politischen Gegebenheiten. Die Umsiedlung von Millionen von Menschen in andere Gebiete zerriss die Familien. Und bei allem wurde nichts auf die Wünsche der Menschen gegeben. Deshalb meinte meine Mutter, die vier Herren hätten die ewige Hölle verdient. Die Verschiebung der Grenze Polens nach Westen, die Annektierung der polnischen Kultur-Städte Lemberg und Vilnius durch die Sowjetunion verstanden die Polen als einen Akt der Barbarei. Die Bevölkerung, die viele Generationen in diesen Städten gelebt hatte, musste ihre Habe packen, um irgendwo anders ihr Glück zu suchen. Sogar mein Bruder, der 1945 vier Jahre alt war, erinnert sich noch an die sich anschließende Odyssee. Und selbst viele Jahre später, 1959, durfte meine Mutter nicht zur Beerdigung ihrer eigenen Mutter nach Lemberg fahren. Und es wurde auch nicht gern gesehen, dass die Polen sich über die verlorenen Gebiete öffentlich äußerten. In meinen Dokumenten, Zeugnissen und Ausweisen stand in Zusammenhang mit meinem Geburtsort fortan immer: geboren in Lwów (ZSRR), also UdSSR.

Von Lemberg nach Danzig: Kindheit in der Vertreibung

Gleich nach der Beendigung des Krieges sind Tausende Sowjets nach Lemberg gekommen. Das war Stalins Politik. In der Vertreibung, Umsiedlung und Verschleppung war er ein großer Meister. In die Wohnung meiner Eltern kamen echte Moskauer. Mein Vater packte unser „Vermögen", vor allem eine Kiste mit einer Menge Alkoholflaschen als Zahlungsmittel und die notwendigsten Sachen zusammen, wie man sie für sich und zwei kleine Kinder benötigte. In der zweiten Juli-Hälfte des Jahres 1945 ging die Reise los. Zuerst mussten die Reisenden 20 Stunden auf dem Güterbahnhof auf den „komfortabel" ausgestatteten Güterzug warten. Ich, als einjähriges Kind, schaffte es immerhin, die Familie zu unterhalten. Mit uns zusammen warteten auch die Eltern meiner Mutter auf dem Bahnhof. Sie wollten sich von uns verabschieden. Mein Großvater rauchte dabei eine seiner Zigaretten und ich griff zu deren glühendem Teil. Angeblich habe ich wegen dieser Brandwunde so sehr geweint, dass mich alle Wartenden zu trösten versuchten. Während des Transportes wiederum weinte meine Mutter, weil ihr einer von den hoch aufgestapelten Stühlen auf den Kopf fiel. Sie wurde dabei verletzt, was der Besitzerin der „Pyramide" mehr als peinlich war. Und so fuhren wir ins Unbekannte, wochenlang, bis mein Vater magenkrank wurde und wir deshalb die Reise unterbrechen mussten. Wir stiegen in der schlesischen Stadt Groß Strelitz aus, mussten dort einige Tage Zwischenstation machen und die Nächte im Bahnhofsgebäude verbringen, und konnten dann endlich weiter fahren. Die letzte Station des Transports war Danzig-Langfuhr. Dort haben wir sieben Jahre gewohnt. Danzig war sehr stark zerstört, die Ruinen der stolzen Hansestadt sah man überall. Mein Vater, Elektroingenieur, hatte Arbeit im Städtischen Kommunikationswerk gefunden. Der geringe Lohn, den er bekam, reichte für unsere kleine Familie nicht aus, so dass auch meine Mutter arbeiten musste.

Danzig. Stadtbild

Sie nähte zu Hause Herrenhemden und ich kann mich erinnern, dass sie mich immer wieder aufgefordert hat, den Kunden doch etwas auf dem Klavier vorzuspielen. Dazu musste mich jemand auf den Hocker heben. Mit drei Jahren spielte ich aber schon alles, was meine Mutter sang und was ich sonst um mich herum hörte. Das waren vor allem Lemberger Chansons, Militärmärsche, auch ein deutsches Lied war dabei: „Wenn die Soldaten durch die Stadt marschieren", Schuberts Serenade „Leise flehen meine Lieder" und so weiter… Dabei konnte ich mir nicht vorstellen, dass andere Kinder über solche Fähigkeiten in diesem Alter nicht verfügten, aber ich hatte Freude am Musizieren und für die Gäste meiner Eltern war ich immer eine Attraktion.

Von Autos und Abenteuern

Ehrlich gesagt weiß ich nicht, ob meine Kindheit glücklich war oder nicht. Auf dem Hof, wo wir gespielt haben, waren auch andere Kinder. Kinderfreundschaften pflegte ich aber nicht, mein Interesse galt mehr den Tieren. Hin und wieder brachte ich eine rothaarige Katze nach Hause und wollte ihr unbedingt etwas vorspielen. Sie verschwand aber immer wieder. Die Zweizimmer-Wohnung war klein. In der Küche saß ich oft auf dem Boden und guckte, wie meine Mutter die Hemden nähte. Ich erinnere mich an ihre geschwollenen Beine. Aber sie klagte nie. Manchmal spielte sie Klavier, und das bewegte meinen Bruder und mich sehr, wir beiden saßen auf dem Boden links und rechts neben dem Instrument und weinten bei Mendelssohn, Beethoven und Schubert.

Meine Mutter mit meinem Bruder Zbyszek und mir, um 1947

Doch gab es natürlich auch lustige Momente: Mein Vater kaufte irgendwann ein altes Auto, einen DKW. Diese Abkürzung bedeutet in Polen Dykta (Sperrholz), Klej (Kleister) und Woda (Wasser). Mit dieser Droschke zu fahren war ein Erlebnis. Man musste es schieben, sonst wollte es nicht starten. Unser Vater saß drinnen und wir schoben zu dritt mit Schaum auf den Lippen die alte Karre die halbe Straße entlang, bis sie endlich ansprang. Die Menschen auf der Straße haben uns dabei ab und zu zugejubelt. Und es konnte vorkommen, dass verschiedene Teile des Autos während der Fahrt einfach abfielen.

Unser Leben war nicht monoton, aber auch nicht besonders abwechslungsreich: Das Auto war unser Abenteuer, unser Stück Freiheit. Wir kannten keine Ferien, Reisen oder Urlaub. Deshalb, wenn wir Glück hatten und das Auto fuhr, waren wir unterwegs – in nicht weit entfernte Orte. Und obwohl wir in der Ostsee-Stadt Danzig wohnten, waren wir nur sehr selten am Strand. Die Eltern hatten dafür leider keine Zeit.

Sogar vor einer Heuschrecken-Attacke hat uns das Auto einmal gerettet: Mein Vater und ich saßen im Auto und konnten nicht aussteigen. Wir konnten nicht einmal fahren, die Tiere klebten einfach überall! Überhaupt bin ich kein Freund von Insekten... So etwas habe ich glücklicherweise nie wieder erlebt.

An was ich mich sonst noch aus meiner Danziger Zeit erinnern kann? Da fallen mir zuerst die UNRRA-Pakete ein, die man hier mit Care-Paketen vergleichen kann. In Polen freute sich jeder, wenn wieder eines dieser Pakete der Nothilfe- und Wiederbauverwaltung der Vereinten Nationen eintraf, und man nannte sie zärtlich Tante „UNRRA". Dann gab es noch die Reglementierung der Lebensmittel und die betrügerische Geldreform, die uns alle sehr trafen. Lebensmittelkarten gehörten zum Alltag. Lebensnotwendiges und auch Luxusgüter wurden schwarz gehandelt.

Im Jahr 1956 kaufte mein Vater wieder ein Auto, dieses Mal einen Adler-Junior. Das Vehikel war circa 20 Jahre alt und genau wie sein Vorgänger, der DKW, wollte es nicht fahren. Wir mussten es schieben und wenn es sich dann schon endlich bewegte, konnte man es nicht bremsen. Nur ein Rad reagierte, die anderen wollten weiterfahren. Mein Bruder machte sich darüber lustig und sagte zu unserem Vater: „Du musst beim Bremsen einfach mit dem Bein nachhelfen." Einmal brachte mein Vater dann auch einen toten Fuchs nach Hause. Wir waren entsetzt. Er berichtete nur kurz, dass er zwar gebremst habe, der Wagen aber einfach weitergefahren sei. Das Fell des Tieres haben meine Eltern dann immerhin meiner Krakauer Freundin Basia geschenkt.

Manchmal war es uns wirklich peinlich. Einmal blieben wir mit dem Auto auf den Schienen in der Hauptstraße in Gleiwitz stecken, hinter uns fuhr die Straßenbahn. Beim Linksabbiegen war das Auto stehen geblieben und der Tramführer machte mit seiner Pedalhupe entsetzlichen Krach. Da ist unser Vater ausgestiegen, in den Händen hielt er eine Flasche mit Benzin und einen Trichter, machte die Motorhaube auf und goss Benzin in ein Loch des Vergasers. Es hatte ein paar Jahre gedauert, bis mein Vater herausgefunden hatte, wozu der Vorbesitzer ein Loch in den Vergaser gebohrt hatte. Bis dahin mussten wir eben schieben.

Und noch eine Auto-Geschichte: Meine Tante, Janina Wilhelmina, die Schwester meines Vaters, litt jahrelang an Tuberkulose. Sie musste immer wieder zu längeren Aufenthalten in ein Sanatorium. Dieses Mal wurde ihr das Sanatorium in Bystra bei Bielsko-Biała empfohlen. Wir wollten sie besuchen und fuhren mit dem Auto dorthin. Es war ein Sonntag. Wir fuhren sehr langsam im ersten Gang den Berg hoch. In umgekehrter Richtung, also bergab, kam uns ein Trauerzug mit Pferdegespann und Orchester entgegen. Unser armes, altersschwaches Auto konnte den Berg einfach nicht schaffen, und plötzlich fuhren wir abwärts. Geistesgegenwärtig sprang mein Bruder aus dem Auto, fand einen Stein und konnte ihn glücklicherweise vor das hintere Rad legen. Gleichzeitig sahen wir nur, dass der Trauerzug in großem Bogen Platz für uns machte. Den restlichen Weg bis zum Sanatorium gingen wir dann jedenfalls zu Fuß. So konnte uns und dem Auto nichts weiter passieren. Und wir sind nach dem Besuch bei der Tante gesund und munter zurück nach Hause gefahren.

Spielen mit Nachbarkindern auf einer Wiese in Gleiwitz, ca. 1952. Mein Bruder Zbyszek und ich sind links zu sehen.

Die kommunistische Diktatur brachte nach dem Weltkrieg viele neue Probleme. Uns brachte sie Albert aus Lemberg zurück, der wiederum Hilfe brauchte. Diesmal suchte ihn die Polizei, weil er auch nach dem Krieg weiter ein Kämpfer geblieben ist. Er hasste die Kommunisten und machte daraus keinen Hehl. Er trieb so lange sein Unwesen, bis er den Sicherheitsbehörden auffiel. So suchte Albert bei uns in Danzig ein sicheres Versteck. Eigentlich hatte er ein paar Tage bleiben sollen, aber es hat ihn jemand ver-

Meine Eltern mit unserem Adler und einem Nachbarskind

raten. Und schon am zweiten Morgen um 5 Uhr früh kam eine Horde von Sicherheitspolizisten in Zivil. Sie richteten ihre Pistolen auf meine Mutter und durchsuchten die Wohnung. Dann nahmen sie tatsächlich auch noch meine Mutter mit und verhörten sie. Albert wollte angeblich illegal Polen verlassen. Dafür wurde er zu acht Jahren Haft verurteilt. Mutter kam bald wieder, im Haftprotokoll fehlte allerdings die Bemerkung, dass die Polizisten vier kleine, goldene Medaillons mitgenommen hatten. Die Sicherheitspolizei hatte sie einfach gestohlen! Ironischerweise hatte uns diese Medaillons ein anderer Zuflucht Suchender aus Dankbarkeit geschenkt, dessen Flucht allerdings geglückt war. Herr Tropaczynski war ein polnischer Offizier, der von der NKWD, der russischen Geheimpolizei, verfolgt wurde. Er hatte sich eine Weile bei uns versteckt und konnte später nach England fliehen. Dadurch konnte er dem tragischen Schicksal der Katyn-Offiziere entgehen.

Es wäre illusorisch zu glauben, dass man überall sagen darf, was man sagen will. Vielleicht geht das auf einer einsamen Insel, in sozialistischen Ländern aber konnten schon winzige, kritische Äußerungen verheerende Folgen haben. Nach der Erfahrung mit Albert standen wir jedenfalls unter ständiger Beobachtung durch die Polizei.

Umzug nach Gleiwitz

Das Schicksal wollte es, dass mein Vater 1952 als Elektroingenieur für eine etwas besser bezahlte Arbeit in der „Elektromontage" in Lodz und dann in Schlesien vorgeschlagen wurde, die er auch annahm. Die Firma hatte eine Filiale in Gleiwitz. Dorthin wurde mein Vater berufen, er wurde Leiter einer Arbeitsgruppe, und wir bekamen im Zentrum von Gleiwitz eine Dreizimmerwohnung mit Balkon zugeteilt.

Janina, meine musikalisch hochbegabte Tante väterlicherseits, ca. 1939

Meine Mutter, ca. 1939

Die Arbeit meines Vaters war anfangs sehr gefährlich. In der Ausrüstung eines Kumpels, mit Helm und Karbidlampe, fuhr er zu den Bergwerken. Seine Aufgabe war es, in sämtlichen schlesischen Zechen elektrische Leitungen zu installieren. Das bedeutete, dass mein Vater oft kreuz und quer durch

Polen fahren musste. Die Firma hatte überall Aufträge und mein Vater war verpflichtet, die Arbeiten an den verschiedenen Standorten zu beaufsichtigen. Deshalb konnte er sehr oft nicht zu Hause sein. Für seine Arbeit erhielt er vor der Pensionierung sogar eine ziemlich hohe Auszeichnung, das Offizierskreuz. Wenn ich an ihn zurückdenke, muss ich sagen, dass er selten Gefühle gezeigt hat. Er hatte häufig schlechte Laune und ich weiß, dass er unter chronischen Kopfschmerzen litt, aber mein Vater klagte nie! Ebenso wenig wie unsere Mutter, die auch nichts von den Ärzten wissen wollte. Das war die Generation der Menschen, die zwei Weltkriege durchgemacht hatte.

Meine Mutter, ca. 1960

Die Hauptperson in der Familie war unsere Mutter. Sie traf alle Entscheidungen und war immer zu Hause. Ihr Witz, ihr Humor und ihre Zuwendung zu uns Kindern war großartig. Einmal ließ sie mich sogar ein Loch wegschneiden, dass aber dadurch nur immer größer wurde. Ihre Art hat immer wieder stutzig gemacht und uns zum Nachdenken veranlasst.

Die Plage meines Lebens war Akne. Da konnten mir die Ärzte nicht viel helfen, auch nicht der Cousin meines Vaters, er und seine Frau waren immerhin Dermatologen. Die verdammte Akne verfolgt mich bis heute, wenn auch nicht mehr mit solcher Intensität wie früher. Man sagt, dass bei dieser Krankheit auch die Seele leidet. Das stimmt, und deshalb habe ich immer wieder versucht, die Menschen zu meiden. Ich konnte ihre Blicke voller Mitgefühl nicht ertragen.

Unser Hund Puncik

In den Jahren 1968–1974 hatten wir einen wunderschönen Boxer. Er war sehr intelligent und verspielt. Die Menge meiner Pickel interessierte ihn nicht, aber er spürte meine seelische Verfassung. Dank des Hundes bin ich sogar meinem Vater näher gekommen. Zu uns verhielt er sich oft distanziert, zum Hund jedoch war er sehr herzlich. Wir alle liebten das vermenschlichte Tier heiß und innig. Sein erster Besitzer war ein Priester gewesen, dann meine Klavierschülerin, und danach kam er zu uns. Der arme Hund sollte getötet werden, weil die Schülerin schwanger wurde. Als ich das erfuhr, war ich empört und sagte zu ihr: „Das nächste Mal komm bitte mit dem Hund, vielleicht gelingt es mir, meine Eltern zu überreden." Natürlich gab es einiges Hin und Her, aber schließlich konnte ich mich durchsetzen. Und für mich erfüllte sich damit ein Traum.

Nicht weit von unserer Wohnung befand sich (und befindet sich bis heute) ein Park, in dem Chopins Denkmal sowie ein schönes Palmenhaus stehen. Dort gingen wir mit unserem Hund spazieren. Alle Schäferhunde waren seine persönlichen Feinde.

Unser Boxerhund Puncik

Das sonst so extrem gutmütige Tier verwandelte sich in einen Teufel. Nur mit kleinen Hunden wollte Puncik spielen. Wenn aber die Hunde keine Lust hatten zu spielen, hob er das Bein und „markierte" sie. Er war einfach zu komisch. Auf die Frage: „Was hast du da wieder gemacht?" antwortete er mit einem Lächeln und zeigte freundlich seine Zähne. Mit der Zeit wurde aber sein Gebiss immer bescheidener, und es hatte mehr Lücken als Zähne.

Wir wussten nicht genau, wie alt er war, als wir ihn bekamen. Die Besitzerin behauptete, dass er vier Jahre alt wäre. Mit der Zeit wurde sein Hüftleiden immer schlimmer. Mein Vater wollte ihn um jeden Preis retten, aber zum Schluss konnte das Tier nicht mehr laufen und hat die drei Treppen bis in unsere Etage nicht mehr geschafft. Dabei hatte er früher sogar die Türen selbst aufmachen können, indem er sie nach vorne stieß oder zu sich heranzog. Schließlich musste er eingeschläfert werden. Wir alle waren traurig, und ich habe mir geschworen, nie mehr einen Hund zu nehmen. Der Verlust tut zu weh.

Glücklicherweise begegne ich immer wieder Menschen, die mir deshalb so sympathisch sind, weil sie einen Hund haben. „Wenn du mich lieben willst, so liebe meinen Hund", schrieb Bernard von Clairveaux – und hatte Recht damit. Meine Freundin Herta hat einen wunderbaren Setter aus dem Tierheim. Er heißt Goldi und ist wirklich goldig – und eigentlich ist er auch mein Hund. Ich gehe täglich mit ihm in den Wald, aber die Kosten und die Verantwortung trägt meine Freundin. Wie praktisch!

Von Hunden und Menschen

Mein Lieblingsphilosoph, der gebürtige Danziger Arthur Schopenhauer, hat einmal völlig zu Recht gesagt: „Woran sollte man sich von der endlosen Verstellung, Falschheit und Heimtücke der Menschen erholen, wenn die Hunde nicht wären, in deren ehrliches Gesicht man ohne Misstrauen schauen kann?" Leider habe ich in meinem Leben ungewollt ziemlich viele falsche und heimtückische Menschen kennen gelernt. Nicht immer gelang es mir, um sie einen großen Bogen zu machen. Sie waren überall: privat, in den Schulen, auf der Arbeit und bei den Behörden. Privat erlebte ich glücklicherweise verhältnismäßig wenige Enttäuschungen. Meine „ewigen" Freunde standen zu mir und tun dies noch – und ich stehe zu ihnen.

Man könnte denken, dass Musiker normale Menschen sind, das stimmt aber nicht, sie sind ein ganz besonderer Menschenschlag. Diese Meinung teilen aber nicht alle. Der griechische Philosoph Epikur hätte beispielsweise gerne alle Musiker aus dem Staat verjagt. Er und seine Anhänger waren überzeugt, dass die Musik keinen veredelnden Einfluss auf den menschlichen Charakter hat. Man denke nur an die heutige Musikbranche, in der man rücksichtslos mit harten Bandagen kämpft. Die unfehlbaren Mentoren und Experten haben das Sagen. Sie wissen angeblich alles und dürfen ein Talent vernichten und einen geschickten Angeber unterstützen. Die Kriterien, was gut und was nicht gut ist, sind heutzutage noch verworrener, als das früher der Fall war. Dabei darf man aber auch getrost die Kompetenz der Kritiker anzweifeln, wie die Musikgeschichte beweist. Nur ein kleines Beispiel: Über Chopin urteilte am 28. Oktober 1841 die Londoner „Musical World": „...Ohne Zweifel, die Kompositionen des Herrn Chopin sind banal und was noch schlimmer ist, sie sind voller absurder und übertriebener Extravaganz. Sein ganzes kompositorisches Werk ist schwülstig und überfüllt mit quälender Kakophonie." Ebenso kann ich auch nicht verstehen, wenn ich über Chopins Musik höre, hier handle es sich um „Salonmusik". Das ist mir zu einseitig und abwertend. Natürlich wurde seine Klavier- und Kammermusik damals mit den kammermusikalischen Werken von anderen Komponisten wie Mozart, Beethoven, Schubert, Schumann oder Liszt zusammen vor allem in den Salons aufgeführt. Sollte Chopin jedes Mal in die Philharmonie fahren, um dort zu spielen und damit zu beweisen, dass seine Musik konzertsaalreif ist? Man muss wirklich taub sein, um nicht zu erkennen, wie weit Chopin mit seiner Musik die Romantik antizipiert hat. Sogar solche Bewunderer seines Genius wie Schumann oder Mendelssohn, hatten die spätere, originelle Harmonie Chopins nicht verstanden. Manchmal liebt man eben auch das, was man nicht verstehen kann. Und so war es auch mit Chopins Musik. Seine himmlischen Harmonien sprachen und sprechen die Menschen noch immer an. Ich vergesse nie meine Verzauberung, als ich mit neun Jahren das erste Mal seine 24 Präludien gehört habe. Die berühmte Chopin-Preisträgerin Halina Czerny-Stefaniska spielte sie in einem Sonderkonzert kostenlos für Schüler der Grundmusikschule in Beuthen. Meine Begeisterung für Chopin hält ein Leben lang an.

Unterrichtsanfänge am Klavier

Den ersten Klavierunterricht habe ich in der 2. Klasse der sogenannten Danziger Grundmusikschule erlebt. Hier wurden allgemeine Fächer zusammen mit Musik unterrichtet, es handelte sich um eine experimentelle neue Schulform mit Schwerpunkt Musik. Ich war sieben Jahre alt und meine junge Lehrerin, Frau Krzyżanowska, studierte selbst noch Klavierspiel an der Musikhochschule in Zoppot. Sie war ausgesprochen nett und geduldig. Dabei fiel es mir überhaupt nicht leicht, den Notentext zu lernen. Was mir die Lehrerin vorgespielt hat, wiederholte ich jedoch sofort, aber allein zu lesen… oh, Gott! Meine Liebe zum Klang überwog meine Liebe zum Lesen des Notentextes bei weitem. Ich habe immer zu schnell auswendig gelernt und es mir sogleich gemerkt. Noch heute staunen meine Freunde über mein phänomenales Notengedächtnis. Am Klavier machte ich schnell Fortschritte, und so konnte es eigentlich weiter gehen.

Leider änderte sich alles aber durch den Umzug nach Gleiwitz 1952. Dort

gab es keine solche Grundmusikschule wie in Danzig, aber es gab sie circa 20 km entfernt: in Beuthen. Dort fuhr meine Mutter mit mir jeden Tag hin und wieder zurück. Dafür musste ich um 6.00 Uhr aufstehen, um 7.00 Uhr auf dem Bahnhof sein, um dann eine halbe Stunde nach Beuthen zu kut-

Beim Klavierüben mit meiner Mutter und meinem Bruder, ca. 1952

schieren. Das war schlimm, besonders im Winter. Verspätungen, Kälte, alte, übel nach Rauch riechende Waggons – das alles nur für die Musik! Die Schule als solche mochte ich nie. Dafür freute ich mich immer auf den Klavierunterricht – in diesem Fall mit Frau Eliza Necel. Sie war eine sehr liebe Person, sie fand immer den richtigen Ton gegenüber den Schülern. Sie selbst als Schülerin des berühmten polnischen Pianisten und Komponisten Alexander Michałowski (1851–1938) hat fantastisch Klavier gespielt. Auf der Titelseite des Menuetts von Michałowski, das ich spielen durfte, strahlte seine mit Tinte geschriebene Widmung für Frau Eliza Necel.

Im Februar 1955 beschloss meine Mutter, dass jetzt Schluss sein müsse mit dem Wandern: „Du wirst in Gleiwitz zwei Schulen besuchen, vormittags die fünfte Klasse der Grundschule Nr. 19 und nachmittags das fünfte Jahr in der Musikschule Stufe I." Meine neue Klavierlehrerin hieß Frau Helena Rawicka. Sie war sehr nett und meinte sofort, dass ich in einem Jahr zwei Klassen meistern könne, was ich auch spielend geschafft habe. Damit wurde ich die jüngste Schülerin der Musikschule Stufe II (1956).

Meine nächste Lehrerin war Frau Helena Haas. Ich erinnere mich, dass sie mich manchmal in den Obstladen schickte, weil sie gerne eine bestimmte Art von Äpfeln gegessen hat: Landsberger Renette. Mein Programm war wunderbar. Vor allem habe ich mich über das Krönungskonzert von Mozart gefreut. Ein paar Räume in unserer Schule hatten zwei Klaviere, d.h. eigentlich sogar zwei Flügel. In einem solchen Saal konnten wir das Konzert zusammen spielen. Frau Haas spielte den Orchesterpart, und wir beide hatten große Freude daran. Das gemeinsame Musizieren inspirierte mich zu meinem ersten eigenen Klavierkonzert.

Mein erstes größeres Werk

Mit 13 Jahren komponierte ich mein erstes größeres Werk, ein Konzert für zwei Klaviere. Das war 1957, das Jahr, in dem der Sputnik die Erde umkreiste. Die Form des Konzerts hatte ich ein bisschen von Mozart abgeguckt. Sonst gibt es keine Ähnlichkeiten, außer der Tonart D-Dur. Das Konzert gefiel Frau Haas sehr. Sie sagte mir, dass mein Talent hier in Gleiwitz keiner richtig einschätzen könne, vielleicht aber in Krakau. Die gleiche

Mein erstes Klavierkonzert, 1957. Autograph

Idee hatte auch meine Mutter. Die Uraufführung meines Konzertes hatte in der Gleiwitzer Musikschule stattgefunden. Anwesend waren auch der Vater meiner Begleiterin, ein Jurist, und zwei seiner Kollegen. Alle waren als Rechtsanwälte in einem Gleiwitzer Anwaltsbüro tätig. Meine Klavierbegleiterin, Danuta Wesołowska, war eine ältere Schulkameradin von der Musikschule. Der mächtige Klang und der Umfang des Werkes haben die Herren sehr beeindruckt. Meine Freude hatte keine Grenze, das Lob tat mir gut.

Und hier schulde ich dem Leser ein paar Informationen bezüglich des Klavierkonzertes. Als Kind wusste ich nicht, dass man auch großes Notenpapier kaufen kann. Meine kompositorischen Einfälle habe ich in die Notenhefte für Schüler ge-

Gabriela mit Frau Rawicka und einem Mitschüler, 1956

schrieben. In den Jahren 1955/56 habe ich meine kleinen Kompositionen Herrn Wieslaw Stokłosa gezeigt. Er war mein Theorielehrer in der Musikschule I. Stufe in Gleiwitz. Die vier Hefte des Konzertes D-Dur für zwei Klaviere sind nicht verloren gegangen, weil mein Vater sie mir bei einem Berlinbesuch in den 1980-er Jahren mitgebracht hat. Allerdings sind sie ohne Kadenzen, die ich leider in meinen Manuskripten nicht mehr finden kann. Dieses Konzert entstand ohne Zutun eines Lehrers, daher auch die „orthographischen" Notationsfehler, z.B. habe ich statt „gis" eben „as" notiert, obwohl die Tonart gerade A-Dur war. Natürlich habe ich mehrere tonale und atonale Kompositionen, die nicht in mein Werkverzeichnis aufgenommen worden sind. Als erstes, reifes, atonales Werk bezeichne ich die Klaviersonate Nr. 1 (1960).

Chor der Musikschule in Gleiwitz zweiter Stufe, ca. 1956: 1. Reihe 1.v.r. Danuta Wesołowska, 3. Reihe 6.v.r. Gabriela

Im Oktober 1957 habe ich vor einem Gremium der Musikhochschule in Krakau mein Konzert vorgespielt. Die Verwunderung und die Anerkennung waren groß. Die Professoren der Musikhochschule – Stanisław Wiechowicz, Maria Dziewulska, Bronisław Romaniszyn und Rektor Bronisław Rutkowski haben uns, d.h. meine Mutter und mich, ins Lyzeum für Musik geschickt. Nach dem Telefongespräch mit Prof. Wiechowicz haben Direktor Rieger und Frau Pfeiffer auf uns gewartet. Also spielte ich noch einmal mein Klavierkonzert und wieder habe ich höchstes Lob bekommen. Die Direktion des Lyzeums musste für mich um eine Sondergenehmigung im Kuratorium bitten, da ich zu einem anderen Schulbezirk gehörte. Es wurde verabredet, dass ich am 1. Februar 1958 in der ersten Klasse des Lyzeums erscheinen sollte, und dies, obwohl sie schon voll besetzt war.

Studium am Lyzeum

Meine pianistischen Fähigkeiten waren für mein Alter schon beträchtlich, deshalb wurde ich an das Lyzeum für Musik, also wiederum einer Schule mit allgemeinen Fächern und Musik, zu der Klavier-Lehrerin Frau Olga Martusiewicz verwiesen. Und damit war die erste Katastrophe perfekt! Frau Martusiewicz war vor und nach dem Krieg für geraume Zeit eine aktive Konzertpianistin. Sie spielte als eine der ersten in Polen Rachmaninoffs Klavierkonzerte. Ich sehe sie noch heute vor mir: mit einer Zigarette im Mund, mit so einer „Pipette", wie sie mich anguckt und sagt: „So kann man nicht spielen, du sitzt nicht richtig und die Hände hältst du auch falsch."

Es folgte eine Art von musikalischer „Diätkur". Ich spielte nur noch Plim-plim, kein richtiges Programm, dafür musste ich richtig sitzen und locker die Finger auf die Klaviatur fallen lassen... Wahrhaftig, das war von der Lehrerin ein absolutes pädagogisches Meisterstück! Es wurde mir auch klar, dass das königliche Krakau, Mekka der polnischen Kultur, mit seinem Stolz und seiner Überheblichkeit, kein leichtes Pflaster für mich würde.

Die zweite Katastrophe war das Internat, wo die Schülerinnen von vier ver-schiedenen sogenannten Künstlerschulen untergebracht wurden, dem kultu-rell bildenden, dem bibliothekarischen, dem plastischen und dem musischen Zweig. Zwanzig Mädchen in einem Raum! Ich erlebte einen echten Schock. Wo sollte ich auf dem Klavier üben? Die Möglichkeiten gab es in diesem Internat nicht, und vor allem, was sollte ich spielen? Drei Monate später dann, kurz vor der Prüfung, hatte Frau Martusiewicz entschieden, dass ich der Jury eine leichte Sonate von Haydn und ein bescheidenes Lied ohne Worte von Mendelssohn vorspielen sollte. Das habe ich auch getan und flog sofort aus dem Fach Klavier! Noch ein weiteres Jahr war ich Schülerin von Frau Martusiewicz, dann bekam ich einen neuen Lehrer, Herrn Direktor Adam Rieger.

Gabriela mit 13 Jahren

Herr Rieger und seine Ehefrau, die Pia-nistin Maria Bilinska-Riegerowa, gehör-ten in Krakau einem gehobenen, sehr kul-tivierten Personenkreis an. Frau Riegero-wa unterrichtete ausgewählte, meist sehr begabte Schüler. Die Schüler wohnten in Krakau und konnten fleißig Klavier üben.

27

Krakau. Stadtansicht

Auch meine Freundin Barbara Buczek war ihre Schülerin. Der vielseitig interessierte und sehr beschäftigte Lyzeumsdirektor Herr Rieger fand selten Zeit, um mich persönlich zu unterrichten, also übernahm das seine Frau.

Gleich am Anfang meiner neuen Klavierstunden hatten die beiden festgestellt, dass Frau Martusiewiczs Methode kompletter Quatsch gewesen war. Wieder musste ich einen neuen Bezug zum Klavierspiel finden: Ich sollte anders sitzen und selbstverständlich auch ganz anders die Hände auf der Klaviatur bewegen! In diesem Moment klickte etwas im meinem Kopf, und ich verlor meinen Respekt vor den Klavier-Koryphäen.

An jedem Sonnabend fuhr ich mit dem Zug nach Hause – Gleiwitz ist circa 100 km entfernt – und spielte meiner Mutter das Programm vor: Begeisterung sieht anders aus. „Wozu bleibst du in diesem verdammten Krakau?", fragte sie mich: „Wo ist deine Virtuosität geblieben? Du bist in Krakau mit offenen Armen als Komponistin und Pianistin aufgenommen und mit gleicher Intensität fertig gemacht worden. Komm zurück nach Hause, es gibt auch andere Berufe." Aber ich wollte nicht ohne Musik leben, das kam für mich nicht in Frage. Nur ein Jahr lang war ich Schülerin von Direktor Rieger, dann meinte er zu mir: „Franz Liszt unterrichtete entweder reiche oder schöne Frauen, du bist weder reich noch schön." Darauf konnte ich nur erwidern: „Sie sind aber auch kein Liszt." Das war der Abschied von Direktor Rieger.

Meine neue junge und engagierte Lehrerin, Frau Danuta Myczkowska, ging auf mich und meine Musikwünsche ein. Sie wollte aus mir wirklich eine tolle Pianistin machen. Ich bekam ein großartiges Programm mit Werken von Bach, Beethoven, Chopin, Brahms und Debussy. Selbstverständlich spielte ich ihr auch meine Kompositionen vor. Es war wunderbar, nur mit dem Üben klappte es nicht so gut. Ich lebte in einem neu errichteten Internat. Die Möglichkeiten dort zu üben waren sehr bescheiden. Drei oder vier Räume für dreißig Schüler waren natürlich zu wenig, also übte ich oft zu nächtlicher Stunde. Als Schülerin von Frau Myczkowska habe ich in Krakau dreimal öffentlich vorgespielt.

Das wichtigste Konzert fand im Mai 1961 im Konzertsaal „Pod baranami" (Unten den Widdern) statt. Ich spielte damals meine Klaviersonate Nr. 1 (1960). Am 12. Juni 1962 stand mein Diplom mit dem Hauptinstrument Klavier an. Im Programm vorgesehen waren mein eigenes Konzert für Klavier und Orchester (1960), zusammen mit meiner Freundin Barbara Buczek am zweiten Flügel, Toccata und Fuge e-moll von Bach, die Sonate c-moll von Scarlatti, die Mondschein-Sonate von Beethoven, die Rhapsodie h-moll von Brahms, zwei Etüden (C-Dur op. 10 Nr.1 und c-moll op. 25 Nr. 12), drei Mazurken und Scherzo h-moll von Chopin.

Nach der Mazurka f-moll op. 68 Nr. 4, bedeutete mir Frau Myczkowska, dass ich nicht weiter zu spielen brauchte. Mir fiel ein Stein vom Herzen, dass ich trotz meines Lampenfiebers und der Erschöpfung – einen Monat vorher hatte ich mit fünf Fächern das Abitur bestanden – alles glücklich abgeschlossen hatte. Frau Myczkowska schlug ein „Sehr gut" vor, aber erwartungsgemäß legten meine ehemalige Lehrerin Frau Martusiewicz und das Ehepaar Rieger hier ihr Veto ein. Zwei weitere Jurymitglieder waren bereit, sich dem „Sehr gut" anzuschließen. Die Direktorin, Frau Karolina Sheybal, wiederum, die ich als Theorielehrerin kannte, wollte sich nicht festlegen. So kam es, dass auf meinem Abschlusszeugnis nur die Note „Gut" vermerkt ist. Die direkte Konsequenz war, dass ich nicht auf dem Abschlusskonzert spielen durfte, nicht einmal mein eigenes Konzert.

Daher spielte ich knapp zwei Wochen später mein Klavierkonzert in der Musikhochschule in Krakau. Am 25. Juni 1962 wurden in dieser Hochschule die Aufnahmeprüfungen durchgeführt. Meine Kompositionen, das Klavierkonzert und das sakrale „Media vita" (1961) haben Furore gemacht. Ich musste überhaupt nur noch einen Teil der Prüfungen ablegen. Als Studentin der Fakultät Theorie, Komposition und Dirigieren, mit dem Schwerpunkt

Umschlag und Autograph: „Media vita"   Autograph meiner Komposition

„Komposition", wurde ich von den Vorlesungen Gehörbildung und Klavierspiel befreit. Wiederum konnte ich die Prüfer mit meinem absoluten Gehör und dem Klavierspielniveau stark beeindrucken.

Frau Myczkowska erzählte mir einige Zeit später, dass man damals in der Jury des Lyzeums für Musik der Meinung gewesen sei, ich hätte nicht die nötige Zeit zum Üben gehabt, um ein „Sehr gut" zu verdienen. Im Grunde haben also die schwierigen Umstände gegen mich gesprochen. Mir tat meine Lehrerin sehr leid, sie hatte so einen Affront sicher nicht verdient. Zu Hause versuchte ich meiner Mutter klar zu machen, dass es nach so einem Aufwand und so einem Erfolg jetzt bei der Aufnahmeprüfung doch schade wäre, die Musik hinzuschmeißen, um stattdessen Medizin zu studieren. Aber sie blieb skeptisch und hat leider Recht behalten. Ehrlich gesagt, ich brauchte dieses Kompositionsstudium überhaupt nicht. Es ging einfach darum, ein Diplom zu bekommen. Das Dokument sollte mir später alles erleichtern: die Suche nach Arbeit, Stipendien, Aufträgen und vor allem die nach öffentlichen Aufführungen.

Die Musikhochschulen in Krakau und Kattowitz

Mit 18 Jahren begann ich am 1. Oktober 1962 in Krakau mein Studium. Es wurde mir ein Zimmer mit vier anderen Studentinnen zugewiesen. Das Studentenheim befand sich in der Wybickistraße, mit der Straßenbahn war es circa 20 Minuten von der Hochschule entfernt. Außerdem war Frau Myczkowska bereit, mir in Zweiwochenabständen Klavierunterricht zu erteilen. Ich war ihr sehr dankbar, auch weil sie von mir keine Bezahlung annehmen wollte. Ihre Güte und Selbstlosigkeit waren wirklich einmalig. Glücklicherweise war es mir möglich, mich ein paar Jahre später zu revanchieren. In diesem Zusammenhang klingt die Bezeichnung, „revanchieren" nicht sehr zutreffend, das Honorar war nur symbolisch, aber meine Bewunderung und Zuneigung für Frau Myczkowska sind bis heute geblieben. Ansonsten waren die Vorlesungen in der Musikhochschule ziemlich chaotisch. Unser Dozent, Adjunkt Krzysztof Penderecki, ließ sich kaum sehen. Er war mit seiner eigenen Karriere beschäftigt.

Mit 18 Jahren interessierte ich mich besonders für philosophische Werke, französische Literatur und Belletristik.

In der polnischen Musik fand damals eine richtige Revolution statt. Es wurden die alten, sozialistischen Realismen und die „stalinistischen Schablonen" weggeworfen. Bei Szostakowicz allerdings, der die Siege Stalins über Deutschland besang, wurde eine Ausnahme gemacht. Die Originalität – angeblich gab es sie nur im Westen – kam jetzt endlich nach Polen! Was für ein Glück, so jedenfalls meinten die zahlreichen Propheten der neuen Zeit. Es wurden Maßstäbe, die Jahrhunderte lang galten, nicht mehr beachtet. „Modulationen – wer braucht sie heute noch?", hörte ich, oder: „Heutzutage sollte man ein Klavier treten!" Trotz dieser modernen Ansichten musste man in den Prüfungen die Modulationen, also die Übergänge von einer Tonart zur anderen beherrschen, sonst war die Karriere beendet, was zwei meiner Kommilitonen schmerzhaft erfuhren. Nicht alle teilten die Meinung der „Avantgardisten", aber sie hatten leider jahrelang in Polen das Sagen.

Die Strömungen aus dem Westen, z.B. Dodekaphonie, Punktualismus und andere extrem avantgardistische Richtungen, wurden quasi zur Pflicht. Selbst konservative Komponisten, die fest in der Dur-Moll-Tonalität verankert waren, wurden von der Strömung mitgerissen. Die „hohen Priester" der Musik trafen sich regelmäßig auf dem Festival „Warschauer Herbst" und wollten mit ihren hauptsächlich westlichen Kollegen und Anhängern die Weltmusikrichtungen bestimmen.

Während meines Studiums fanden zwei Konzerte unserer komponierenden Studenten statt. Am 18. März 1963 wurden auch drei meiner Lieder für Bariton (der Interpret war Franciszek Delekta) und Klavier mit den Worten von C. K. Norwid und die Klaviersonate Nr. 2, (1962, Frau D. Myczkowska gewidmet) gespielt. Am Flügel habe ich gesessen.

FATUM
I
Jak dziki zwierz przyszło Nieszczęście do człowieka
I zatopiło weń fatalne oczy…
– Czeka – –
Czy, czlowiek, zboczy?
II
Lecz on odejrzał mu, jak gdy artysta
Mierzy swojego kształt modelu;
I spostrzegło, że on patrzy – co? skorzysta
Na swym nieprzyjacielu:
I zachwiało się całą postaci wagą.
– – I nie ma go!

FATUM

I

Ein wildes Tier kam einst das Unglück zum Menschen,
Versenkt' in ihn seine fatalen Augen...
– Lauert –
Ob, der Mensch, welche?

II

Doch er starrt zurück, wie ein Künstler
Mißt seines Modells Gestalt,
Und es bemerkte, er schaut – was? Er gewönne
An seinem Feind:
Und es wankte in ganzer gewichtiger Gestalt
– – Und fort war's!

Aus: Cyprian Norwid: Vade-Mecum. Gedichtzyklus (1866), Polnisch-Deutsch, übersetzt und eingeleitet von Rolf Fieguth, München: Wilhelm Fink 1981, S. 114f.

Das Publikum hat mir großen Applaus gespendet. Zwei Monate später, am 8. Mai 1963, im Rahmen einer Veranstaltungen für mehrere polnische Musikhochschulen unter dem Titel „Krakauer Begegnungen", wurden dann meine Werke, „Media Vita" (1961) und Klaviersonate Nr. 3 in der Interpretation von Barbara Buczek enthusiastisch bejubelt. Diese allgemeine Anerkennung hat meine Widersacher auf den Plan gerufen und beim nächsten, viel bedeutenderen Konzert durften meine Kompositionen nicht mehr präsentiert werden.

Die Veranstaltung hieß „Krakauer Frühling der jungen Musiker" und wurde unter anderem auch von der Philharmonie mit organisiert. Adjunkt Krzysztof Penderecki hat für mich kein einziges Wort eingelegt. Ich wurde totgeschwiegen. Meine Kompositionen wurden nicht wahrgenommen und nicht gespielt. Presse und Radio, die geladen waren, haben die zugelassenen Stücke meiner Studienkollegen als „epigonal" und „kompilatorisch" bezeichnet. Dass mir dann ausgerechnet Penderecki noch dazu empfahl, ich solle seine „wertvolle" Vorlesung an einem Folgesonntag besuchen, brachte das Fass zum Überlaufen. „Jetzt ist Schluss", dachte ich, packte meine Sachen und verließ Krakau.

Auf dem Wege zurück nach Gleiwitz bin ich in Kattowitz ausgestiegen, ganz lässig, und ohne jegliche Vorbereitung begab ich mich in die dortige Musikhochschule. Ein unverbindliches Gespräch kann nicht schaden, meinte ich, und zufälligerweise traf ich schon auf dem Korridor meinen zukünftigen Mentor, Prof. Bolesław Szabelski. Ich spielte ihm die Aufnahme von dem noch nicht lange zurückliegenden Konzert in Krakau vor und hatte damit so beträchtlichen Erfolg, dass ich sofort in der Musikhochschule Kattowitz aufgenommen worden bin.

Prof. Szabelski, ein älterer Herr, war eine Institution für sich. Als ehemaliger Schüler von Karol Szymanowski (1882–1937) genoss er bei Musikern ein hohes Ansehen. Natürlich wollte ich auch seine Ideen verstehen, aber es ging wirklich nicht. Freundlich gesagt, war er sehr wortkarg. Mit seiner musikalischen Ästhetik, die weder konventionell noch modern war, konnte ich einfach nichts anfangen. Glücklicherweise hatte ich ihn bereits anfangs mit meinen fertigen Kompositionen überzeugt. So fand am 8. April 1964 ein Konzert in der Aula der Hochschule für Musik statt. Meine Krakauer Freundin Barbara Buczek spielte meine Klaviersonate Nr. 4, die ich in den Jahren 1963/64 komponiert hatte.

Aus Krakau kam sogar Frau Myczkowska mit ihrem Mann angereist. Ich informierte auch vorher den bekannten Krakauer Musikkritiker M. Wallek-Walewski über das bevorstehende Konzert. Er hatte sich schon früher in einer Krakauer Zeitung wohlwollend über mich geäußert. Mein Freude war groß, als ich erfuhr, dass er tatsächlich gekommen war. Nach dem Konzert sagte Wallek-Walewski zu mir: „Sie schreiben Musik, die nicht von heute ist, ich meine, Sie antizipieren die jetzt vorhandenen Richtungen. Sie sind schon weiter, und das ist gut so!" Die gelungene Uraufführung der Sonate,

Index. Mein Studienbuch verzeichnet die Vergabe des höchsten Stipendiums für zwei Jahre, die ich für meine hervorragenden Leistungen erhielt.

die zutreffende Interpretation von Barbara Buczek, der donnernden Applaus, die ermunternden Worte des mir wohlgesinnten Musikkritikers und die Anwesenheit meiner Eltern und Frau Myczkowskas mit ihrem Mann – das alles machte mich sehr glücklich. An diesem Abend haben wir das Ereignis gefeiert – leider ohne den Kritiker, er musste angeblich sofort nach Krakau zurückfahren. Meine Mutter kommentierte das mit den Worten: „Er lässt sich nicht einmal eine Tasse Tee schenken."

Ein knappes Jahr später, am 30. März 1965, bekam ich einen Rektorenpreis verliehen, man überreichte mir das Diplom und 800 Złoty. Ehrlich gesagt war das eine nette Überraschung. „Wie komme ich dazu", fragte ich im Sekretariat und bekam zur Antwort: „Wir haben die Studentenbücher von allen Studenten geprüft und Sie erreichten den vierten Platz!" Dann erhielt ich noch eine weitere unerwartete Würdigung: Es wurde mir ein Künstlerstipendium in der Höhe von 1.000 Złoty monatlich zugesprochen.

Mein Ziel war es, das Studium so schnell wie möglich zu beenden. Im Februar 1967 begann das zehnte Semester und die Abschlussprüfung rückte näher. Die Stücke, die ich bei Prof. Szabelski geschrieben hatte, wollte ich als Diplomarbeit nicht vorlegen. Sie sind auch nicht in meinem Werkverzeichnis enthalten. Wie konnte ich eines von den „echten" Werken meinem Professor schmackhaft machen? Vielleicht passiert ein Wunder, wenn ich ihm mein fertiges Klavierkonzert Nr. 2 (1965/66) vorstellen werde, dachte und hoffte ich.

Die Tonbandaufnahme des Konzerts mit Barbara Buczek als Solistin und mit mir am zweiten Klavier (Orchesterpart), hat ihn

Barbara Buczek, 1959

sichtbar beeindruckt. „Sehr schön, sehr schön", sagte er. Ich nutzte die Gunst der Stunde und habe ihm außer der Partitur auch die theoretische Arbeit unter den Titel „Exemplifikation eigener Ästhetik auf der Grundlage des 2. Klavierkonzerts" ausgehändigt.

Die Verteidigung der Magisterarbeit wurde für den 24. Juni 1967 festgelegt. Am 29. Mai 1967 hatte die Kompositionsklasse ein Konzert geplant. Es war reiner Zufall, dass ich davon erfuhr, leider ziemlich spät, gerade zehn Tage vor der Vorstellung. Als ich meinen Wunsch Prof. Szabelski gegenüber äußerte, an dem Konzert teilnehmen zu dürfen, reagierte dieser sehr zurückhaltend. Erstaunlicherweise war ihm das nicht so recht. Warum eigentlich nicht, dachte ich und fragte vorsichtig, ob ihm das Klavierkonzert vor drei Monaten nicht gefallen habe? – „Ja, doch, doch", sagte er, „es hat mir gefallen." Daraufhin fuhr ich sofort nach Krakau, um meiner Freundin davon zu berichten. Barbara Buczek hat das Klavierkonzert wieder geübt, und kurz danach haben wir eine Probe im Konzertsaal der Musikhochschule in Kattowitz gemacht. Dort standen zwei gute Flügel und meine Komposition klang wirklich wunderschön. Barbara Buczek spielte einfach großartig.

Am Tage des Konzerts wurde dann ein Flügel abtransportiert und auf seinen Platz stellte man ein Klavier mit drei Rädern und einer Stuhllehne statt des vierten Rades. Da fragte ich den Verantwortlichen Adjunkt Świder: „Was soll denn das?" Er antwortete: „Ich werde nicht für Sie einen Flügel auf dem Rücken schleppen, dafür bin ich nicht zuständig." Als Grund für diese Peinlichkeit stellte sich heraus, dass offensichtlich einer der Studenten von Professor Szabelski für die Aufführung seiner Schlagzeugkomposition die ganze Bühne brauchte. Nach kurzem Zögern beschlossen wir jedoch, trotz aller Widrigkeiten zu spielen.

Das Publikum hat nicht versagt, wir bekamen auch diesmal großen Applaus. Der ehemalige Rektor der Kattowitzer Musikhochschule, Prof. Powroźniak, gratulierte mir mit den Worten: „Wir werden in Kürze sicher Ihr Konzert in der Schlesischen Philharmonie hören." Dazu kam es leider nicht. Es entwickelte sich eine merkwürdige Atmosphäre in der Hochschule um meine Magisterarbeit: Kurz vor der Prüfung bekam ich einen Anruf einer Studentin, dass ich morgen mit meiner Arbeit durchfallen würde. Als Grund dafür wurde genannt, dass meine Ansichten über die neue Musik zu überheblich und destruktiv seien. Als erst dreiundzwanzigjährige Komponistin erlaubte ich mir doch tatsächlich damals eine kritische Meinung über die sogenannte Neue Musik.

Die Gutachter Herr Górecki und Adjunkt Świder fühlten sich persönlich angegriffen, obwohl ich bewusst keine Namen erwähnt hatte. Prof. Szabelski und Rektor Gadziński haben schweigend zugehört, wie die beiden Herren mich mit Schaum auf den Lippen attackierten. „Für das, was Sie schreiben,

ist das Papier zu schade und das sind alles Häresien, die keiner lesen sollte",
ereiferte sich Herr Górecki.

Mein Diplomzeugnis, 1967

Diese unwürdige Veranstaltung dauerte anderthalb Stunden und ich weiß
nicht, ob ich bestanden hätte, wenn ich meinem Mentor Prof. Szabelski
nicht eine sachliche Frage gestellt hätte: „Hat Ihnen mein Klavierkonzert
gefallen oder nicht?" Völlig konsterniert antwortete er: „Ja, es hat mir gefallen."
Sein Schüler und Freund Herr Górecki war entsetzt! Er hatte eine ganz andere Antwort erwartet. Zum Glück kannte die Leiterin des Studienverlaufes,
Frau Ryżewska, meine Situation. Sie hat die Tür geöffnet und sagte: „Meine
Herren! Wie lange soll das Schauspiel noch dauern? Frau Moyseowicz hat
doch schon ihre Schlussnote und zwar ‚Sehr Gut'!"
Es wurde mir der Titel „magister artium" verliehen: M.A.
Für meine Diplomarbeit bekam ich dann letztlich aber nur ein „Ausreichend", was schon seltsam ist. Jetzt, auch nach so vielen Jahren empfinde
ich das Verhalten der Herren Górecki und Świder als abstoßend.

Hierzu Auszüge aus meiner Diplomarbeit.

EXEMPLIFIKATION EIGENER ÄSTETIK AUF DER GRUNDLAGE DES 2. KLAVIERKONZERTES.

Einer von vielen Gesichtspunkten, die in der heutigen Zeit als gültig erkannt werden, ist die Würdigung der Rolle der Individualität auf dem Gebiet des künstlerischen Schaffens, daraus ergibt sich, dass die Rechte des Künstlers, eine eigene Konzeption zu entwickeln – sowohl im Bereich Ausdrucksmittel sowie auch im Bereich ihres Inhalts, der mit ihrer Hilfe weitergegeben wird – anerkannt werden. Dodekaphonie und Punktualismus sind mir vor allem deshalb fremd, weil sie mir als avantgardistisches System nicht mehr aktuell zu sein scheinen und weil sie meiner Meinung nach keine Quellen der Inspiration darstellen. Sie waren eine Übergangsetappe im Befreiungsprozess von tonalem Denken und schufen die Grundlagen für eine vollkommen neue Behandlung des Klangmaterials. Diese Systeme, wie auch die anderen parallel auftretenden Richtungen, waren aktuell in der ersten Hälfte unseres Jahrhunderts. Damals war ihre Anwendung berechtigt. Ihr Gebrauch in der Gegenwart stellt insofern eine Gefahr dar, als sie eine Vermehrung der Werke, die von Komponisten dieser Richtung geschrieben wurden, bedeutet. Man muss die Tatsache berücksichtigen, dass mit neuen Techniken auch neue Inhalte erschienen sind – eine mechanische Annahme der gegebenen Technik impliziert die Übernahme der ihr eigenen Ästhetik –, was in summa zum Epigonentum führt. Meiner Meinung nach sind die oben erwähnten Richtungen wie Glieder einer Kette in der historischen Entwicklung der Musik behandelt worden und müssen als ihr Ausgangspunkt erkannt werden. Die scheinbare Ausdehnung ihrer Ausdrucksmittel, die die Postdodekaphonie und ihr nahe stehende Richtungen einführt, löst das Problem nicht. Jeder Schöpfer muss eine eigene künstlerische Intuition haben – im wahrsten Sinne des Wortes –, deren Folge eine entsprechende Selektion und adäquate Benutzung der Ausdruckmittel ist. Ich bin davon überzeugt, dass eine Komposition eine Integration gehörter Ausdrücke höchsten Grades, ihre Sublimierung, Umformung und Entfaltung sein muss und keine wortwörtliche Transposition. Ich persönlich eliminiere außerinstrumentale Effekte, sowie die sogenannte Präparierung von Instrumenten. An Stelle dieser Art von Konkreta benutze ich Illusionen in Gestalt unkonkreter Farben und schwer zu identifizierenden Klangfolgen. Jedoch erst die Chronaks-

Gabriela Moyseowicz

Imję i nazwisko

Przedstawił pracę ....

na temat – ....
oceniona jako ....

Data .... Pieczęć .... Podpis profesora

Złożył egzamin ....
z wynikiem ....
w dniu .... 19.....r.

.... Pieczęć ....
Członkowie Komisji Przewodniczący Komisji Egzamin.

Auszug aus dem Index. Gabriela Moyseowicz, schriftliche Arbeit zum Thema: „Exemplifikation eigener Ästhetik auf der Grundlage des 2. Klavierkonzertes", Urteil: ausreichend, Gesamtnote des Examens: Sehr gut: Unterschriften: Prof. Gadziński (Rektor), Adj. J. Świder, H. M. Górecki, Prof. B. Szabelski (Vorsitzender der Prüfungskommission)

ja /poln./ dieser Art von Klangerscheinungen bestimmt die Epitasis der Komposition und irgendein nicht fassbarer, enigmatischer Koeffizient – Noumenon im Sinne Kants – gibt ihr den Rang eines Kunstwerkes. Für den Künstler ist die innere Überzeugung und die Gewissheit der Richtigkeit des von ihm eingenommenen Standpunktes das subjektive Kriterium, dass er sich auf dem richtigen künstlerischen Weg befindet. Das künstlerische Schaffen darf nicht durch die Haltung der Adressaten determiniert werden, für die jedes Novum fremd und nicht kommunikativ ist. Dennoch ist die Einführung neuer Werte das sine qua non der echten Kunst. Dieses Problem werfe ich als Beispiel nur skizzenhaft auf, im übrigen decken sich meine Ansichten in Meritum der Aufgabe mit dem Satz von Lindsay Anderson: „Wenn sich jemand als Künstler fühlt und nicht prätentiös sein will, definiert er seine Philosophie durch die Art und Weise, wie er schöpferisch tätig ist." (Ausschnitt aus der Magisterarbeit „Egzemplifikacja wlasnej estetyki na podstawie II Koncertu Fortepianowego", Katowice 1967)

Zwischen Berufung und Beruf

Nach der Beendigung des Studiums bin ich in ein tiefes Loch gefallen. Auf den Gesichtern vieler falscher Freunde erschien ein merkwürdiges Lächeln, man könnte sagen, ein Giocondalächeln. Es wird nichts werden mit deiner Musik, meinte z.b. der Vater meiner Krakauer Freundin: „Nun haben Sie dir die Flügel beschnitten." Und plötzlich verspürte seine Tochter auch kompositorische Ambitionen. Nach ihrem abgeschlossenen Klavierstudium wurde sie Studentin der gerade erst eröffneten Kompositionsklasse der Krakauer Hochschule. Ihr Professor, Bogusław Schaeffer (geb. 1929), galt damals als Befürworter der neuen, experimentellen Musik. Noch andere Pianistinnen haben sich der Komposition verschrieben. Es gab einen richtigen kompositorischen Boom.

In einem Artikel von Małgorzata Kosińska über Bogusław Schaeffer habe ich sein Zitat gefunden: „Meine Kompositionen teile ich auf in experimentelle (zu denen gehören ‚Nomen Omen', ‚Azione a due', ‚Nonet' für drei spielende Oboisten, wobei jeder auf 3 Oboen gleichzeitig spielt…) und vielleicht 20 andere Stücke, die mir Häme und auch Hochachtung gebracht haben, obwohl man angeblich nicht experimentieren darf…" Über diese „goldenen Zeiten" der polnischen Musik (in den sechziger und siebziger Jahren) haben sich auch zwei andere Komponisten geäußert. Bei der wichtigsten „Midem Classique 2000"-Feier wurde Penderecki geehrt und sagte in seiner Dankesrede: „Dieser Preis ist für mich ein Symbol, sich von der sklerotischen Avantgarde der 60-er Jahre endgültig zu verabschieden."

In ähnlicher Weise hat sich auch Górecki auf dem Festival „Wratislavia Cantans '98" von der Vergangenheit deutlich distanziert. Das ist insofern verblüffend, weil diese Kompositionen der damaligen Zeit Penderecki die Erfolge überhaupt erst ermöglicht haben. Ihr Sinneswandel ist für mich nach mehr als 40 Jahren eine große Genugtuung und bestätigte mich im Nachhinein. Mein Wohnsitz war wie gehabt Gleiwitz, bei meinen Eltern. Von dort versuchte ich krampfhaft, meine prekäre Lage zu ändern und zumindest eine Arbeit zu finden. Ich war nicht versichert und auch gesundheitlich ging es mir sehr schlecht. Die chronischen Halsentzündungen, Akne und Anämie machten mir zu schaffen.

Gott sei Dank hatte ich damals in Gleiwitz eine liebe Freundin, die Geigerin

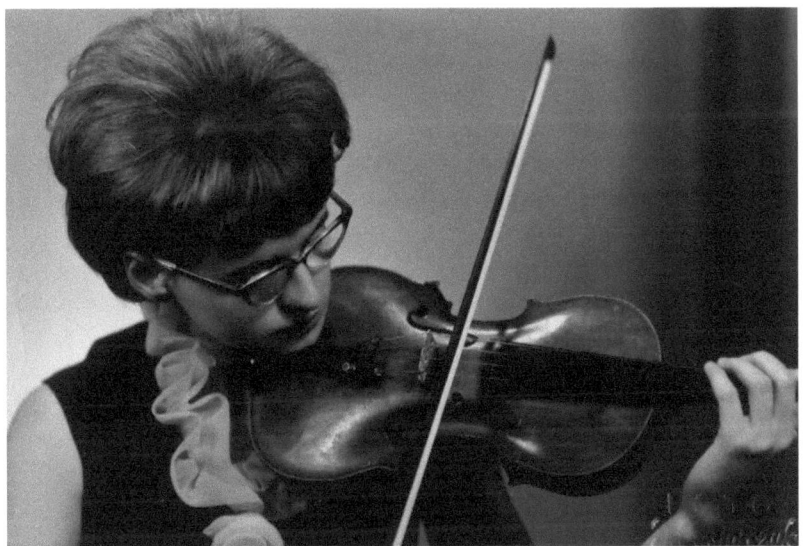

Meine Freundin Iza Gradzik, ca. 1966

Izabela Gradzik, die mir beistand. Später heiratete sie den Freund meines Bruders, Jerzy Widenka. Ihre Mutter arbeitete als Geigenlehrerin in der Musikschule in Gleiwitz. Besonders in den Jahren 1967–68 haben wir oft zusammen gespielt. Der Lehrer von Izabela, Herr Błaszczok, war sehr erfreut, dass seine Schülerin für die Abschlussprüfung der Musikschule II. Stufe, so eine gute Klavierbegleiterin gefunden hatte.

Durch diese Freundschaft habe ich auch einen großen Teil der anspruchsvollen Violinliteratur kennengelernt. So haben wir beispielsweise Bruchs Violinkonzert g-moll zusammengespielt. Bis heute, so erzählte mir meine Freundin Izabela, erinnert man sich in Gleiwitz noch daran, dass ich das gesamte Konzert auswendig begleitet habe. Wir spielten zusammen Sonaten von Händel, Veracini, die Spanische Sinfonie von Lalo, das Konzert von Wieniawski, Konzert A-Dur von Mozart und manches davon öffentlich.

Nach Izas Examen wollte mich der Direktor der Musikschule Herr Marian Bugiel als Klavierlehrerin und Korrepetitorin beschäftigen. Leider machte das sein plötzlicher Tod während einer Auslandsreise an der russisch-rumänischen Grenze am 1. Juli 1968 zunichte. Sein Nachfolger hatte kein Interesse an mir, da er selbst Pianist war.

Für den verstorbenen Direktor Bugiel schrieb ich meinen tonalen „Marche funèbre" für Violine solo und Streicher (1968). Später machte ich eine Version für Cello und Klavier (1980) daraus. Herr Bugiel wollte mir helfen und hatte schon vorher bei mir eine Komposition für das Schulorchester bestellt. Das von mir tonal komponierte „Capriccio für Streichorchester" (ohne Bratschen) wird bis heute immer wieder in Gleiwitz aufgeführt.

„Die will ich küssen" – Lehrerin am Gleiwitzer Technikum

Erst im Oktober 1968 gelang es mir, eine Anstellung als Lehrerin an einer Berufschule und an einem Technikum in Gleiwitz zu bekommen. Dort habe ich vier Jahre lang gearbeitet. Die Schule war nicht weit von meiner Wohnung entfernt. Meistens hatte ich die erste Stunde um 8 Uhr oder die letzten zwei Stunden zu geben. Mein Gebiet umfasste Musikgeschichte mit Beispielen. Daneben leitete ich einen Chor. Man kann sich vorstellen, wie sich diese armen Schüler über diese zusätzlichen Stunden gefreut haben. Immerhin war meine Strategie, diese großen Klassen – bis zu 44 Schüler – nicht mit Schärfe oder Strenge zu strapazieren. Selbst nach 32 Jahren hat mich ein ehemaliger Schüler (jetzt Professor für Polonistik) im Internet gefunden und mir viele liebe Worte über die Art meines Unterrichts geschrieben.

Zu meinen Pflichten gehörte auch die aktive Teilnahme an verschiedenen Feierlichkeiten der beiden Schulen, wie z.B. zum 1. Mai, anlässlich der Oktoberrevolution am 7. November oder zum Internationaler Frauentag am 8. März. An einem solchen Internationalen Frauentag sollte mein Chor singen. Allerdings es gab dort zu diesem Zeitpunkt nur junge Männer zwischen 16 und 19 Jahren, die eigentlich einen freien Tag gehabt hätten. Ich überrumpelte sie mit einem alten Schlager aus dem Repertoire von Jan Kiepura „Brünette, Blondinen". In dem Lied kamen die Worte vor: „Die will ich küssen!" Diesen Text schrien sie mit Begeisterung heraus. Die Kollegen haben gelacht, und ich war gerührt, dass die Jugendlichen mich nicht in Stich gelassen haben.

Immer wieder erlebte ich Beweise ihrer Zuneigung. Im Jahr 1972 übernahm ich noch eine Vertretung in einem Gymnasium. Hier interessierten sich die Schüler wesentlich mehr für Musik und Kunst. Es gab lebhafte Diskussionen, die schon gefährlich politisch werden konnten, weil ich z.B. erzählte, dass Lenin sich für Beethovens „Appassionata" begeistert hat oder dass Stalin die Musik Chopins liebte. Solche spontanen politischen Assoziationen haben die Schüler zum Lachen gebracht. Sie haben das sozialistische System nicht mehr ernst genommen. Im Laufe des Jahres 1972 wurde es für mich beruflich noch kritischer, weil der Etat für den Kunstunterricht an der Berufschule gestrichen wurde. Ich sollte nur noch wenige Stunden behalten. Deshalb fuhr ich immer wieder nach Warschau zum Ministerium für Kunst und Kultur, um eine Anstellung zu finden und meine Lebenssituation zu verbessern.

Dort fand ich auch eine freundliche Seele, Frau Janina Dołgolewska, die im Büro für Theater und Musik als Ministerialrätin beschäftigt war. Ich bin überzeugt davon, dass sie mir helfen wollte. Leider liegen zwischen Wollen und Können oft Welten. Als Mitglied der Stipendiumsjury konnte sie erfahren, was die hochrangigen Musikexperten von den anderen Komponisten hielten, besonders von denen aus der „Provinz": Nämlich nicht viel.

Dennoch wurde einmal sogar meine Komposition „Riconoscimento" zur Aufführung empfohlen – allerdings nie aufgeführt. Ein anderes meiner Werke, „Dies Irae" (1963), wurde als Kunstwerk vom Ministerium erworben, nachdem es bereits in Bydgoszcz und Toruń 1970 mit Erfolg uraufgeführt worden war. Diese Kompositionen und ein paar andere warten noch immer auf eine grandiose Entdeckung. Sie befinden sich – wahrscheinlich – in einem Musikarchiv in Warschau.

Brotlose Kunst: Die Schmierenoperette zwischen 1967-1974

Wenn das alles nicht auf irgendeine Weise tragisch wäre, könnte man aus meinen erfolglosen Bemühungen ein Libretto für eine Schmierenoperette schreiben. Ich bin von Pontius zu Pilatus gelaufen. Wo ich nur die kleinste Chance gespürt habe, ging ich hin, fuhr ich hin, schrieb ich hin. Ich glaubte und glaube an die Einzigartigkeit meiner Musik.

Ich schrieb auch einen Brief an den Polnischen Komponistenverband in Warschau mit der freundlichen Frage, ob ich als Komponistin auf dem Festival „Warschauer Herbst" teilnehmen dürfe. Prompt kam die Antwort:

„Selbstverständlich, Sie können eine Eintrittskarte an der Kasse kaufen."
Meine Bewerbungen an verschiedenen Institutionen wie Musikschulen, Radiosendern, Philharmonien etc. blieben meistens ohne Antwort. Von wegen Vorstellungsgespräch... Keiner wollte mich sehen oder hören. Irgendwann habe ich die Geduld verloren und bat um eine „Audienz" beim zweiten Parteisekretär in Gleiwitz. Ich versuchte ihm klar zu machen, dass ich zwar kein Parteimitglied sei, aber dass die Volksrepublik Polen für meine exklusive Ausbildung ein Vermögen ausgegeben habe und deshalb müsste ich hier doch mindestens würdig leben können.

Von einer eigenen Wohnung war keine Rede, außerdem hatte ich kein Geld. Meine Klagen haben den Genossen nicht beeindruckt, er sagte mir nur, dass jetzt in Schlesien die „Hütte Kattowitz" gebaut werden würde und das sei für Polen viel wichtiger. Daraufhin habe ich einen wütenden Brief an die Wochenzeitung „Politika" in Warschau verfasst. Ich wollte nicht wahr haben, dass es möglich ist, in einem sozialistischen Land so schnell so tief in Ungnade zu fallen. In dem Brief habe ich die Hoffnungslosigkeit, mit der ich leben musste, zum Ausdruck gebracht. Bis heute habe ich keine Antwort bekommen, dafür weiß ich, dass der Brief, auf welchem Wege auch immer,

Gleiwitz. Musikschule

in die Hände des damaligen Direktors des Polnischen Musikverlages in Krakau gelangt ist.

Ihm versuchte ich auch meine Kompositionen anzubieten, immerhin war das der einzige Musikverlag in Polen. „Heute schreibt man anders", meinte er und schaute geringschätzend mein Präludium und Fuge für Klavier an: „Auf diese Weise hat schon viel früher Szostakowicz seine Präludien und Fugen geschrieben." Das ist Arroganz und Nichtwissen pur, dachte ich und fuhr mit Iza zurück nach Gleiwitz. – Ich vergesse nie, wie oft mich diese Freundin getröstet hat.

Es sollte nicht letzte Begegnung mit dem Leiter des Polnischen Musikverlages sein: Als ich an einem schönen Tag mit Frau Dołgolewska im Ministerium für Kultur und Kunst verabredet war und die Treppe hochstieg, kam mir ein Mann entgegen, der mich unerwartet ansprach. Ich erkannte ihn, es war dieser oben erwähnte Direktor des Musikverlages, Herr Tomaszewski, der entrüstet zu mir sagte: „Sie haben einen Brief an ‚Politika' geschickt, verlassen Sie sofort das Ministerium!" Seinen Wunsch habe ich allerdings nicht erfüllt und bin weiter gegangen. Welch eine Frechheit, dachte ich. Schon immer hat mich die Feigheit und die ständige Angst derer geärgert, die oben gesessen haben und dort um jeden Preis bleiben wollten.

Frau Dołgolewska konnte mir auch tatsächlich mit ein paar Ratschlägen helfen, wie z.B.: „Nennen Sie ihre Kompositionen nie: Konzert, Symphonie oder Oratorium, so etwas irritiert die Kommission. Man soll bescheiden sein. Sehen Sie, Sie haben Ihre Komposition ‚9 Moments Musiceaux' genannt. Ich rate Ihnen, bleiben Sie lieber bei ‚Neun Stücken', sonst assoziiert man das mit Schubert, und es zeigt Ihre Unbescheidenheit." – Da könnte man denken, dass Schubert zu Lebzeiten nur Glück gehabt hätte…

Nur dieses eine Mal habe ich nachgegeben: Meine „Neun Stücke" für Klavier und Streicher wurden am 22. Juni 1969 in Warschau im Rahmen eines Konzertes des Jungen Kreises des Polnischen Komponistenverbandes uraufgeführt. Diesmal hat mich der Applaus weniger interessiert, weil die Aufführung schlimm war. Die Hälfte des Notenmaterials wurde einfach nicht gespielt, weil der Dirigent die Partitur nicht überblickte und keine Einsätze gab. Der hilflose Kapellmeister kannte meine Komposition nicht einmal dem Hören nach. Lernen? Das war zu viel verlangt. Eine kleine Nachtmusik von Mozart hätte er vielleicht geschafft. Ich habe mich bei ihm nicht bedankt und fuhr von Warschau nach Krakau. Jedenfalls blieben meine „9 Moments Musiceaux" bei ihrem Namen. Und auch meinen anderen Werken gab ich die Titel, die ich ihrem Charakter und ihrer Form nach für angemessen hielt – ganz ohne falsche Bescheidenheit.

In Krakau sprach ich mit Frau Myczkowska über meine eventuelle Beschäftigung als Musiktheorielehrerin im Lyzeum für Musik. Sie erzählte mir, dass Frau Direktorin Renata Szkielska mich gerne einstellen möchte, Bedingung wäre aber, dass ich in die Partei eintreten müsste. Ich rastete aus, davon wollte ich nichts wissen. „Sie sind nicht in der Partei und ich soll rein?„ fragte ich Frau Myczkowska: „Meine Situation ist ganz anders, die Partei will junge Menschen und du musst Kompromisse machen, sonst sehe ich für deine Zukunft schwarz, ich bitte dich darum!"

Mit schwerem Herzen fuhr ich nach Hause und berichtete meiner Mutter davon. Für uns beide war das eine moralische Niederlage, und dieses Mal hat sie mir nicht zu- oder abgeraten.

Ich habe mit Frau Direktorin Szkielska in Anwesenheit von Frau Myczkowska gesprochen und sollte am 31. August 1969 nach den Ferien auf der Lehrerkonferenz erscheinen. Die bevorstehende Mitgliedschaft in der Partei machte mir zu schaffen. Ich fragte meinen Kollegen, den zweiten Sekretär der Partei in der Berufschule, wie ich mich verhalten solle. Wir waren befreundet, seine Frau war meine Vorgesetzte und sie beide wussten, wie ich zur Partei stehe… „Am besten machst Du es so," meinte er: „Erst einmal suchst dir eine Wohnung in Krakau, unterschreibst mit dem Lyzeum einen Arbeitsvertrag und dann reden wir. Rein in die Partei kommen nur die, die geraume Zeit auf der Kandidatenliste gestanden haben."

Das hat mich etwas beruhigt, ich konnte eventuell noch immer zurückrudern. Fast jeden zweiten Tag fuhr ich nach Krakau. Von einer Wohnung dort konnte ich nur träumen. Es war Ferienzeit, die Behörden funktionierten nicht wie sonst, und außerdem hatte ich noch keine Arbeitsbescheinigung vom Lyzeum. Dieses Dokument brauchte ich aber notwendigerweise als Unterlage für die Aufenthaltserlaubnis in Krakau. Meine Bemühungen um eine Unterkunft in dieser Stadt brachten mir nur magere Ergebnisse.

Immerhin war es mir gelungen, die Mitgliedschaft bei einer Wohnungsgemeinschaft zu bekommen. Dort musste ich eine Summe einzahlen und sollte dann jahrelang weitere Anzahlungen leisten. Die Perspektive, wirklich eine eigene Wohnung zu bekommen, lag bei 15 bis 20 Jahren Wartezeit. Als ich wieder einmal unterwegs nach Krakau war, wo ich einen Termin beim Wohnungsamt hatte, blieb der Zug stehen. Ich erinnere mich, dass der Ort Dulowa hieß, er befand sich nicht weit von Krakau. Ich wurde nervös und guckte laufend auf die Uhr. Schließlich wurde mir klar, dass ich den Termin nicht mehr schaffen konnte. Im Abteil saß ein Mann, der mich beobachtet hatte: „Die Verspätungen sind grauenhaft." Da konnte ich ihm nur zustimmen. Er fragte mich nach dem Grund meiner Nervosität, und ich berichtete von meiner hoffnungslosen Lage. Er verglich meine Situation mit seinem eigenen Werdegang und schlug mir folgenden Ausweg vor: Er selbst hatte ein abgeschlossenes Geschichtsstudium und hatte damit keine Arbeit bekommen. Schließlich war er bei der Polizei gelandet, dorthin könne er mir ebenfalls den Weg ebnen – und zwar sofort. Er könne mir Arbeit in seinem Büro auf dem Szczepanski-Platz anbieten. „Sie haben Zeit, das bis Krakau zu überdenken."

Ich habe gestaunt und konnte es nicht glauben! Er hat mir eine Wohnung versprochen, sogar ein „Äquivalent für Uniform", die ich nicht hätte tragen wollen, und, und, und. Natürlich fragte ich, was die Gegenleistung dafür sein solle? „Loyalität gegenüber der Volksrepublik Polen!", erwiderte er und erläuterte: „Übrigens haben wir auch Musiker, z.B. eine bekannte Sängerin X (leichte Muse) und einen Komponisten Y (ernste Musik). Aber auf dem Hauptbahnhof Krakau sagte ich ihm „Dankeschön", verabschiedete mich, drehte mich auf dem Absatz um und fuhr betroffen zurück nach Gleiwitz.

Die Zeit lief mir davon und ich musste zumindest ein Zimmer finden. Ich weiß nicht mehr, von wem ich die Adresse hatte, aber ich kann mich an den muffigen Geruch des Zimmers bei der Besichtigung gut erinnern. Die Wohnung gehörte einer Witwe. Die Dame war bestimmt sehr gläubig, denn überall hingen, standen und lagen Hunderte von Devotionalien herum. Der Preis des Zimmers war horrend, 1.000 Zł. monatlich. Bei einem eventuellen Gehalt von ca. 1.600 Zł. kam das für mich nicht in Frage und überhaupt konnte ich in dieser Atmosphäre nicht leben.

Wieder zu Hause angekommen hielten wir Familienrat. Was meine Mutter dazu gesagt hat? – „Jeder Hausmeister bekommt sofort eine Wohnung und du, als Komponistin und Pädagogin?" Also blieb ich in Gleiwitz und freute mich, dass ich meinen wunderbaren Hund Puncik nicht verlassen musste und dass ich mit der Partei nichts zu tun haben würde. Außerdem waren meine Eltern sehr gastfreundlich: Ich durfte meine Lehrer und Kommilitonen zu mir einladen, wenn ich ihnen ein Konzert in Schlesien verschafft hatte. Denn es fiel mir immer leichter, mich für andere einzusetzen, als für mich selbst zu werben. Zu diesen Gästen zählten z.b. die heute bekannten Solisten: Elżbieta Stefańska- Łukowicz, Maria Korecka, Bronisława Kawalla und Kaja Danczowska.

Kompositionen und Konzerte

Wie viel Zeit und Geld ich für diese Suche nach einer Existenzverbesserung verschwendet habe! In den Jahren zwischen 1967 und 1974 habe ich trotzdem verhältnismäßig viel komponiert. In diesem Zeitraum sind folgende Werke entstanden: „Rapsod für Bratsche und Orchester" (1968), „Riconoscimento", nach Versen von C. K. Norwid (1968) für die „Capella Bydgostiensis" bestimmt, die aber nie aufgeführt worden ist, weiterhin „Musique en trois styles" für Violine, Violoncello und Klavier (1969), „Cantata Solemnis" mit den Worten von I. Iszkowska für Frauenchor, Bariton-Solo und Orchester (1969), Ouvertüre „An Beethoven" (1970), 5 Lieder für 8-stimmigen Chor a cappella, Worte von Wl. Broniewski (1971), das 3. Konzert für Klavier und Streichorchester (1971), „Deux Caprices" für Violine solo (1972), Oratorium „Stabat Mater" für Chor, Solisten (Mezzosopran und Tenor) und Orchester (1972/73) und die Klaviersonate Nr. 5 (1973/74).

Auch meine pianistischen Tätigkeiten habe ich nicht vernachlässigt. Ich gab ziemlich oft Klavierabende in Schlesien, ich hatte mehr Angebote, als ich wahrnehmen konnte. Die Gagen dafür waren allerdings eher symbolisch als lebenserhaltend. Im Jahr 1970 wurde meine Komposition „Dies Irae" (1963) ins Programm der Capella Bydgostiensis genommen.

Die „Capella Bydgostiensis", war ein Ensemble, das zu der Filharmonia Pomorska in Bromberg gehörte und sich auf die Interpretation alter Musik spezialisiert hatte. Nun hatte sich ein junger Dirigent, Jan Röhl, die Uraufführung des Werkes vorgenommen. Obwohl das Niveau der Aufführung

Filharmonia Pomorska im. Ignacego Paderewskiego
w Bydgoszczy
Dyrektor mgr Andrzej Szwalbe

Orkiestra Kameralna Capella Bydgostiensis
Kierownik zespołu Stanisław Gałoński

Wtorek, 17 lutego 1970 r., godzina 19 — Toruń, ul. Przedzamcze 11/15 — sala Domu Kultury
Środa, 18 lutego 1970 r., godzina 19 — Bydgoszcz, sala kameralna FP

KONCERT ORGANOWY

Z cyklu:

SPOTKANIA
z
Janem Sebastianem

(koncert przy świecach)

Jan Roehl
dyrygent

Józef Serafin
organy

W programie:
J. S. Bach: Utwory organowe m. in. — Preludium i fuga a-moll, chorały z cyklu
„Orgelbüchlein", B. Britten, Simple Symphony, G. Moyseowicz: „Dies irae"

Bilety do nabycia w kasie Filharmonii Pomorskiej od godziny 15 do 18, w dniu koncertu do godziny 19,
w Toruniu w kasie „Orbisu"
Filharmonia zastrzega sobie prawo zmiany programu

Konzertankündigung

nicht berauschend war, war die Reaktion des recht konservativen Publikums bewundernswert. Bis heute habe ich davon ein altes Tonband, auf dem die Darbietungen in Bromberg und Thorn vom Februar 1970 in einer technisch schlechten Aufnahme und auch der lang andauernde Applaus zu hören sind. Die Kritik war freundlich. Eine Rezensentin meinte, dass mein „Dies Irae" auf dem Internationalen Festival „Warschauer Herbst" präsentiert werden sollte.

Und der Direktor der Filharmonia Pomorska, Herr Szwalbe, hat mir versprochen, die Aufführung des Werkes auf diesem Festival zu unterstützen. „Wir fahren nach Warschau und spielen Ihr ‚Dies Irae' ", sagte er zu mir. Das Tonband, die Partitur und Rezension habe ich sofort nach Warschau zum Polnischen Komponistenverband geschickt.

Hierzu das Antwortschreiben vom 29. Mai 1970 von der Filharmonia Pomorska.

Dies irae, 1963. Autograph

FILHARMONIA POMORSKA IM. IGNACEGO PADEREWSKIEGO

BYDGOSZCZ, UL. LIBELTA 16 · TELEFONY: CENTRALA 258-26
DYREKTOR · SEKRETARIAT 251-05 · DZIAŁ UPOWSZECHNIENIA 252-59
KONTO BANKOWE: N. B. P. II O. M. BYDGOSZCZ NR 203/6/314
SKRÓT TELEGRAFICZNY FILHARMONIA-BYDGOSZCZ

L.dz. ..5668../70   Bydgoszcz, dnia 29 maja 1970 r.

                        Pani
                        Gabriela Moyseowicz

                        G l i w i c e
                        ─────────────────
                        ul. Chodoby 3/4

        Szanowna Pani !
         W odpowiedzi na pismo z dnia 15 maja 1970 r.
uprzejmie informujemy, iż w sprawie nagrania "Dies Irae"
będziemy mogli przesłać Pani wiadomość dopiero za tydzień,
ponieważ elektryk dysponujący wspomnianą taśmą jest obecnie
na urlopie.
Jeśli chodzi o sprawę wykonania "Dies Irae" podczas Warszaws
kiej Jesieni to zgadzamy się na wykonanie utworu przez
Capellę Bydgostiensie wzgl. przez inny Zespół.
        Łączymy wyrazy szacunku

                        D Y R E K T O R

                        / mgr Andrzej Szwalbe /

Antwortschreiben von der Filharmonia Pomorska vom 29. Mai 1970

Freie Übersetzung des zweiten Absatzes:

Falls Ihr Werk „Dies Irae" auf dem Warschauer Herbst aufgeführt wird, sind wir bereit, Sie mit der Capella Bydgostiensis oder einem anderen Ensemble zu unterstützen. Hochachtungsvoll Direktor Magister Andrzej Szwalbe.

51

Im September 1970 sollte in Warschau, im Rahmen des „Warschauer Herbstes" ein Konzert des Jungen Kreises stattfinden. Es muss doch endlich klappen, hofften ich und meine Freunde. Die lapidare Absage, die ich dann bekommen habe, hat mich sehr getroffen. Ich bat in meinem Schreiben an den Komponistenverband um eine Erklärung, warum mein „Dies Irae" nicht zugelassen wurde. In einer lässig formulierten Antwort gab man mir Bescheid, dass es an Geld fehle. Wegen dieser prosaischen Umstände kann die Aufführung nicht stattfinden? Nach all den Enttäuschungen der vergangenen Jahre brachte dies das Fass schließlich zum überlaufen. Ich habe mein Foto vom Mitgliedsausweis entfernt und mit einem entsprechenden Brief an den Polnischen Komponistenverband zurückgeschickt und in einer Kopie an das Ministerium für Kunst und Kultur meinen Austritt aus dem Komponistenverband bekannt gegeben.

Dazu schrieb ich: „Es ist hoffnungslos für eine Komponistin aus der Provinz, den Parnass zu erreichen, wenn sie nicht willens ist, ‚außermusikalische' Mittel anzuwenden." Den Briefwechsel habe ich aufgehoben, denn schließlich war dies kein Schritt, den man leichthin macht. Die Reaktion auf meinen Protest war ganz einfach: Der Polnische Komponistenverband nahm meine Entscheidung zur Kenntnis und damit hatte es sich.

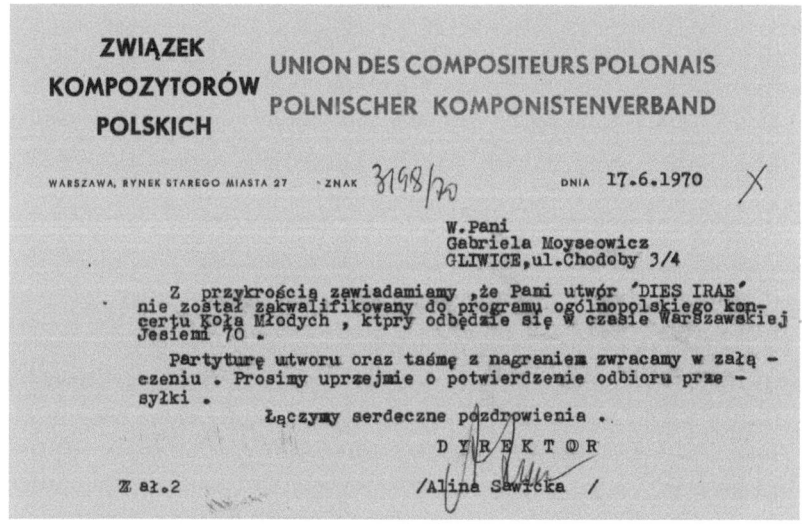

Brief des Komponistenverbandes vom 17. Juni 1970

Freie Übersetzung:

Zu unserem Bedauern benachrichtigen wir Sie, dass Ihre Komposition DIES IRAE nicht zugelassen wurde für das Konzert des Jungen Kreises. Das Konzert findet in der Zeit des „Warschauer Herbstes" 1970 statt. Die Partitur und die Aufnahme schicken wir Ihnen zurück und bitten um Bestätigung. Mit herzlichen Grüßen /Alina Sawicka/

Meine Antwort an den Komponistenverband am 26. Juni 1970:

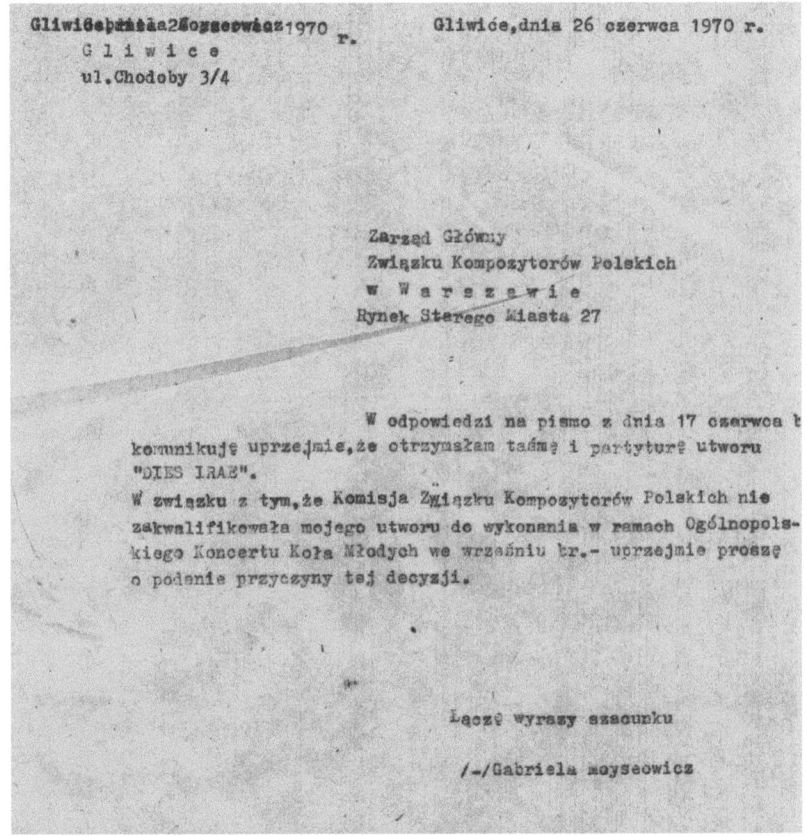

Brief an den Komponistenverband vom 26. Juni 1970

Freie Übersetzung:

In Beantwortung Ihres Briefes vom 17.06.1970 bestätige ich den Erhalt der Aufnahme und Partitur „DIES IRAE". Ich bitte höflich um eine Begründung, warum meine Komposition für eine Aufführung im Rahmen des Allgemeinpolnischen Konzerts des Jungen Kreises im September dieses Jahres nicht zugelassen worden ist.
Hochachtungsvoll G. Moyseowicz

Die Antwort ließ nicht lange auf sich warten:

ZWIĄZEK UNION DES COMPOSITEURS POLONAIS
KOMPOZYTORÓW POLNISCHER KOMPONISTENVERBAND
POLSKICH

WARSZAWA, RYNEK STAREGO MIASTA 27   ZNAK   3340/70   DNIA   15 lipca 1970 r.

W.Pani
Gabriela Moyseowicz
G l i w i c e
----
ul.Chodoby 3 m.4

W odpowiedzi na list Koleżanki z dnia 26 czerwca 1970 komunikujemy uprzejmie, że - ze względu na nasze bardzo szczupłe zasoby finansowe - program koncertu Koła Młodych w czasie "Warszawskiej Jesieni" zestawiony został wyłącznie z kompozycji, przeznaczonych maksymalnie dla czterech wykonawców. Z tej to - dość prozaicznej! - przyczyny utwór Koleżanki, jako wymagający większego aparatu interpretacyjnego, nie został niestety wybrany do programu owego koncertu.
Łączymy serdeczne pozdrowienia.

SEKRETARZ GENERALNY
/Henryk Schiller/

Antwortschreiben vom Komponistenverband vom 15. Juli 1970

Freie Übersetzung des Briefes vom 15. Juli 1970

In Beantwortung Ihres Briefes vom 26.06.1970 teilen wir Ihnen mit, dass auf Grund unserer sehr begrenzten finanziellen Möglichkeiten das Konzert des Jungen Kreises in der Zeit des „Warschauer Herbstes" nur für vier aufführende Interpreten vorgesehen ist. Da Ihre Komposition ein größeres Ensemble verlangt, kann sie nicht in das Programm aufgenommen werden.

Darauf wandte ich mich direkt an das Ministerium für Kultur und Kunst:

Brief an das Ministerium für Kultur und Kunst vom Juli 1970

Freie Übersetzung:

Am 18. Juli 1970 bekam ich eine „Blitzantwort" des Komponistenverbands auf meinen Brief vom 26. Juni 1970. Der Verband informiert mich darin in poetischer Prosa, wie schwer sie es haben als Betreuer junger Komponisten. Eine unbezahlbare Information für mich ist, dass Aufführungen mit mehr als vier Personen nicht möglich sind. Dies aber bedeutet, dass es auch weiterhin keine Aufführungen meiner Stücke geben wird und ich keinerlei weiteren Nutzen von Ihnen haben werde. So denke ich, dass es besser ist, freiwillig auf meine Mitgliedschaft zu verzichten. Mit diesem Schritt trage ich dazu bei, den bescheidenen Etat für andere großartige Kollegen zur Verfügung zu stellen. Behandeln Sie bitte diesen Brief als eine Information über den vergeblichen Versuch, den musikalischen Parnass als Komponistin aus der Provinz zu erreichen, wenn man nicht bereit ist, „außermusikalische Mittel" anzuwenden.

Meine vieljährige Erfahrung hat gezeigt, dass der Komponistenverband wenig zu tun hat mit objektiver Unterstützung junger Komponisten, was eigentlich dem Status Ihrer Organisation widerspricht. Deshalb gebe ich hiermit meine Mitgliedschaft und Legitimation zurück.

Als junge Komponistin bereits desillusioniert, stelle ich fest, dass auch in der Kunstwelt spezifische Rechte herrschen.

Hochachtungsvoll, Gabriela Moyseowicz.

Die Antwort des Komponistenverbandes vom 2. September 1970 lautete folgendermaßen:

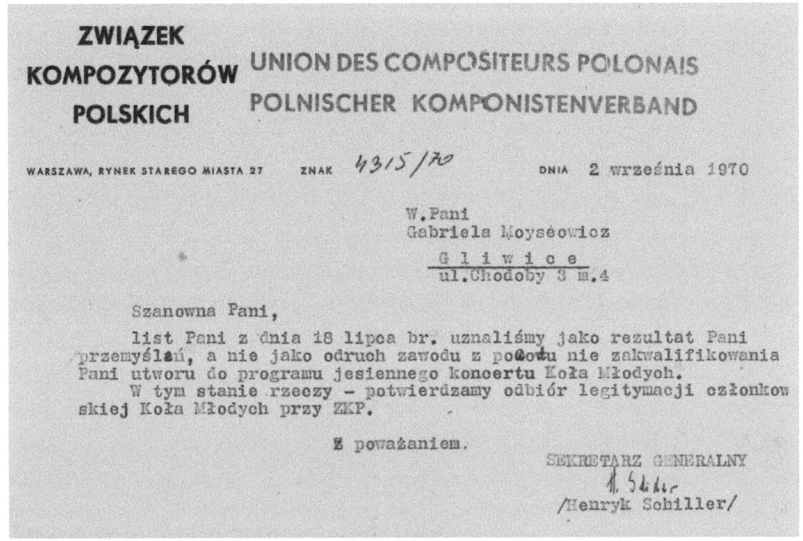

Antwort des Komponistenverbandes vom 2. September 1970

Freie Übersetzung des Briefes vom 2. September 1970:
Ihren Brief vom 18. Juli 1970 haben wir als Resultat Ihres Entschlusses anerkannt und nicht als spontane Handlung auf Grund der Ablehnung der Aufführung Ihrer Komposition auf dem Konzert junger Komponisten. Deshalb bestätigen wir den Erhalt Ihrer zurückgegebenen Legitimation der Mitgliedschaft im Komponistenverband.

Hochachtungsvoll Generalsekretär Henryk Schiller

Auf die Idee, mich zu besänftigen, mir eine Aufführung im nächsten Jahr vorzuschlagen oder Ähnliches, ist keiner von den „hohen Priestern" gekommen. Das tat aber Frau Direktor Schubert aus dem Ministerium für Kunst und Kultur im Oktober 1970. In einem Gespräch mit mir appellierte sie an meine Vernunft. Ihre Argumentation war für mich erstaunlich logisch und zutreffend, aber ich war nicht mehr bereit, mich zu entschuldigen (wofür auch) und weitere Demütigungen hinzunehmen. Ich kann lediglich als Erfolg verbuchen, dass das Ministerium für Kunst und Kultur in diesem Jahr mein „Dies Irae" als fertiges Kunstwerk gekauft hat.

Es war keine horrende Summe, die mir für das Werk ausgezahlt wurde, aber immerhin. Alle staatlichen Einrichtungen in Polen waren der Partei unterworfen und bemüht, in der Balance mit ihr zu bleiben. Durch den Austritt aus den Polnischen Komponistenverband waren mir alle Wege versperrt. Die Bemühungen, künstlerisch in Polen Fuß zu fassen, waren ab diesem Moment somit vergeblich. Im Vergleich dazu kann man nicht genug staunen, wie viele bekannte polnische Komponisten, die jederzeit Zugang hatten zu staatlichen Orchestern und Chören und deren Werke laufend gespielt, produziert und exportiert worden sind, sich fortwährend darüber beklagten, mit welch großen Schwierigkeiten sie in Polen stets zu kämpfen gehabt hätten und dass ihnen das nur zu bereitwillig geglaubt worden ist und geglaubt wird.

Noch im Jahre 1970, als ich in Bromberg die Uraufführung des „Dies Irae" erlebte, wurde mir in der dortigen Philharmonie ab 1. September 1970 eine Stelle als Programm-Konsulent, also eines Beraters, angeboten. Daraus wurde letztlich nichts, weil die Direktion der Philharmonie nicht in der Lage war, mir eine Wohnung in der Stadt zu besorgen.

Im September durfte ich in einem leeren Studentenheim wohnen. Zu diesem Zeitpunkt hat in Bromberg ein Musikfestival stattgefunden. Ich wurde gebeten, die Rezensionen zu den Konzerten zu schreiben. Der Wunsch kam von der Zeitung „Dziennik Wieczorny" (Abendblatt).

Das Eröffnungskonzert war eine Katastrophe. Die Solistin, eine großartige polnische Pianistin, hatte wohl einen schlechten Tag erwischt und das haben auch die Zuhörer gemerkt, die sonst von Musik nicht viel verstehen. Meine Kritik diesbezüglich war sehr zurückhaltend. Ich lobte die Uraufführung einer Ouvertüre a-Moll des sehr jung verstorbenen polnischen Komponisten Antoni Stolpe (1851–1872). Ein junger Musikwissenschaftler hatte das Werk in einem Keller gefunden. Die indisponierte Pianistin hatte ich aus reinem Taktgefühl nicht einmal erwähnt. Ich hatte gedacht, dass ich mit den Worten: „Das nächste Festival wird hoffentlich besser gelingen", nichts Böses formuliert hatte, wurde hier aber unangenehm überrascht.

Am nächsten Tag bestellte mich nämlich Direktor Szwalbe zum Gespräch.

Er sagte mir, dass das Bromberger Partei-Komitee ihn angerufen und ihm die Missbilligung der Kritik zu Kenntnis gegeben habe. Die Parteigenossen fanden die Kritik unmöglich. Weitere Rezensionen von mir waren daher unerwünscht. Der Misserfolg in Warschau, die Schwierigkeiten mit der Wohnung und die Unzufriedenheit der Parteigenossen bedeuteten für mich das Aus. Daher fuhr ich wieder nach Gleiwitz zurück und war nun sicher, damit ist in Polen für mich alles vorbei. Doch wohin gehen?

In den polnischen Schulen herrschte Russisch als Weltsprache. Als zweite Sprache gab es entweder Englisch oder Latein. Mit Russisch, Latein und der während des Studiums in einem gerade einmal einjährigen Italienisch-Kurs erworbenen Kenntnisse konnte ich die Welt nicht erobern, ganz abgesehen davon, dass mich nie die fremden Sprachen als solche interessiert hatten. Nun musste sich das ändern und ich habe mit Französisch angefangen. Rein zufällig traf ich in Krakau einen älteren Kollegen, der viele Jahre in Frankreich gelebt hatte. Ich fragte ihn, ob er vielleicht jemanden kenne, der mich nach Paris einladen könnte. Da wurde mein Bekannter blass und sagte: „Ist das dein Ernst, oder bist du wahnsinnig geworden." – „Wieso? Ich spiele gut Klavier und könnte Klavierunterricht geben." Meine Antwort klang ein bisschen unsicher. „Bei den Franzosen könntest du nur putzen", stellte er fest. „Putzen", eine tolle Perspektive. Ohne Geld, ohne Sprachkenntnisse, ohne irgendeine Empfehlung – eine Katastrophe. Schließlich habe ich mit unseren schlesischen Nachbarn gesprochen. Sie hatten Familienangehörige in Deutschland und waren nicht abgeneigt, mir zu helfen.

Auf ihre Initiative hin habe ich zwei Einladungen aus Deutschland bekommen. Dafür verpflichtete ich mich, der kleinen Tochter meiner Nachbarin so lange gratis Klavierunterricht zu geben, bis die Formalitäten erledigt wären. Nach anderthalb Jahren war es so weit.

Gleiwitz, Juni 1974

Am 14. Juni 1974 führte ich das letzte Gespräch mit meiner herzkranken Mutter. „Wie soll es mit dir weiter gehen?", fragte sie mich. „Du weißt doch, ich warte auf den Reisepass, vielleicht bekomme ich ihn." – „Ja," erwiderte sie, „du bekommst den Reisepass, aber mach dir keine großen Hoffnungen, dort in der Bundesrepublik wartet auf dich auch keiner. Irgendwann kommst du zurück nach Polen." Am nächsten Tag, dem 15. Juni 1974, ist meine Mutter gestorben. Zu ihrer Beerdigung sind sehr viele Menschen gekommen, unter ihnen auch meine Freundin aus Krakau.

Als ich mit ihr durch die Gleiwitzer Hauptstraße ging, grüßten mich immer wieder Bekannte. Das erstaunte meine Freundin und sie bemerkte: „Du bist hier sehr beliebt, alle kennen dich. Es geht dir hier doch gut, oder? – Und übrigens hat sich Frau Moszumanska-Nazar (eine Krakauer Komponistin) neulich nach Dir erkundigt und mich gefragt: ‚Sie hatten hier in Krakau vor vielen Jahren eine Freundin, die komponierte, wo ist sie geblieben, macht sie weiter Musik?' "

Das war mir unangenehm, ich habe darauf nichts mehr gesagt, nur gedacht, sie haben mich als Komponistin lebendig begraben. Am 18. Juni 1974 wurde mir erlaubt, für sechs Wochen Polen zu verlassen. Am 25. August 1974 begab ich mich, dank meiner Freundin Iza, die mir einen großen roten Koffer ausgeliehen hat, voll mit eigenen Noten, Geschenken und persönlichen Gegenständen, auf die Reise nach Deutschland. Bis Eisenach begleitete mich mein Bruder. Er redete die ganze Zeit auf mich ein über die Chancen und Möglichkeiten, die angeblich jeder Mensch in Westdeutschland hat. „Zeig, was du kannst", ermunterte er mich. Wie? dachte ich mir, vor allem kann ich die Sprache nicht. „Du sprichst mit deiner Musik und Deinem Klavierspiel", polterte er weiter. „Ich will dich nicht nach einer Woche wieder in Polen sehen, Du bist hier verbrannt. Verstehst Du das denn nicht?" – „Doch", sagte ich, „aber ich kann mir das alles überhaupt nicht vorstellen." Es war hart. Nach ein paar Jahren, als wir uns endlich wiedergesehen haben und ich ihm von meiner Odyssee erzählte, hat er geweint und gefragt: „Warum bist du nicht einfach zurückgekommen?" Aber für mich war klar, dass dies ein endgültiger Schritt war.

Ein Neuanfang in Deutschland

Die erste Zeit in Deutschland war abenteuerlich. Ich habe zwar ziemlich viel Deutsch verstanden, aber reden konnte ich nicht. Deshalb haben meine Freunde überall für mich herumtelefoniert. Sie begleiteten mich auch, wenn jemand bereit war, mit mir zu reden. Aber das war eher die Ausnahme. Wer wollte mit einer „alleinstehenden" polnischen Komponistin sprechen? Fast keiner. Meine Gastgeber waren der Meinung, das würde sich schon ändern, wenn ich etwas länger in Deutschland wäre. Sie kannten den polnischen Lebensstil: veni, vidi, und nicht unbedingt vici. Hier ist es üblich, dass man telefoniert, einen Termin ausmacht, pünktlich kommt und sich immerzu bedankt. Das war neu für mich, denn in Polen war das Telefonieren nicht so üblich, man machte sich eher persönlich auf den Weg.

Die erste Station war Nieder-Roden-Rollwald bei Frankfurt. Meine Bekannte Eva, die ich im Medicus-Club in Gleiwitz kennen gelernt hatte, lebte dort. Sie kannte einen Chordirigenten vom Hessischen Rundfunk. Wie er hieß, weiß ich nicht mehr. Jedenfalls nahm er meine Partitur „Dies Irae", und wir durften ihn zwei Stunden bei seiner Chorprobe bewundern. Meine Noten bekam ich nie wieder zurück.

Wir waren auch gemeinsam im renommierten Verlag Peters. Der Lektor des Verlages, der uns empfing, zeigte überhaupt kein Interesse an meiner Musik, dafür erzählte er ausführlich über seine fabelhaften Kontakte zu Polen – was mir natürlich in dieser Situation wenig nutzte. Ähnlich war es im Schott-Verlag: Hervorragende Verbindungen n a c h Polen aber keine Aufmerksamkeit für jemanden a u s Polen.

Die nächste Etappe war Mannheim. Dort wusste unsere ehemalige Nachbarin Frau O. nicht genau, was sie mit mir machen sollte. Wir gingen zuerst zur Musikhochschule. Sie schwärmte von mir in Superlativen, aber das interessierte niemanden. Man solle einen Termin ausmachen und sich vorher polizeilich anmelden, meinte die Dame vom Sekretariat. In dem Anmeldebogen hat Frau O. vermerkt, dass ich eventuell einen längeren Aufenthalt in Deutschland beabsichtigen würde.

Die Reaktion der Behörde war bürokratisch, kühl und formal: Man drückte mir einen Stempel in meinen polnischen Pass mit einem Text, der besagte, dass ich bis zum 2. November verpflichtet sei, die Bundesrepublik wieder zu verlassen. Das war ein Schrecken für mich! Wenn ich mit so einem Stempel nach Polen käme, würde ich nie mehr eine Erlaubnis erhalten, ins Ausland reisen zu dürfen. Sicher würde man mir vorwerfen, ich hätte in der Bundesrepublik etwas Unrechtes getan, etwas gestohlen oder Ähnliches.

Die letzte Station sollte schließlich St. Augustin bei Bonn sein, wo der Sohn von Frau O. lebte. Irgendwann auf dem Wege dorthin habe ich gemerkt, dass man schnell und reibungslos in diesem Lande nichts erreichen kann. Gedi und seine Mutter rieten mir, nach Polen zurückzukehren. Sie hatten Angst um ihre Familie in Gleiwitz, die noch in Polen waren und die meine Einladung vermittelt hatten, vor allem wenn ich um Asyl bitten würde. Ich hatte nie Zweifel an den guten Intentionen meiner Gastgeber, konnte ihre Bedenken aber verstehen. Sie stellten mich all ihren Bekannten vor. Gedi gelang es sogar, mich einem Professor der Kölner Musikhochschule vorzustellen. Der Professor unterbrach seinen Unterricht für mich, und ich durfte meine Sonate Nr. 5 vorspielen. Ich bekam ein paar Komplimente und Ratschläge, wo ich eventuell Interesse erwecken könnte, mehr jedoch nicht.

Die Freunde von Gedi versuchten, mir ein wenig Deutsch beizubringen und taten für mich, was sie konnten. Sie haben mir sogar eine Karte für ein Konzert in Bonn mit Francescati geschenkt. Der bekannte Geiger spielte damals Beethovens Konzert D-Dur. Besonderen Eindruck machte mir, dass sich das Publikum erhob, als Bundespräsident Walter Scheel mit seiner Frau den Saal betrat.

Schließlich versuchten mich meine Gastgeber nach Brüssel zu „schmuggeln", um mich auf dem Bahnhof allein zu lassen. Dort sollte ich um Asyl bitten. Nach kurzem Hin und Her beschlossen wir, die Botschaft der Bundesrepublik aufzusuchen. Gedis Frau fragte einen belgischen Polizisten nach dem Weg. Die Information des Polizisten war ziemlich umständlich und führte uns an den Rand der Stadt. „Hier stimmt doch etwas nicht", meinte Gedi, „unsere Botschaft soll so weit außerhalb liegen?" Als wir endlich die Flagge und das Emblem der DDR erblickten, war uns klar, zu welcher deutschen Botschaft uns der Polizist geschickt hatte. Schnellstens drehten wir um und haben dann bald im Zentrum Brüssels die richtige Botschaft gefunden.

Es war schon spät und wir konnten uns dort nur noch mit dem Portier unterhalten. Er fragte mich, aus welcher Gegend in Polen ich käme. Als er Gleiwitz hörte, fragte er: „Und sind Sie dort auch geboren?" –„Nein, in Lemberg." Er schüttelte den Kopf und meinte: „Das wird nichts werden, fahren Sie in die Bundesrepublik, bitten Sie dort um Asyl." Völlig deprimiert kamen wir nach St. Augustin zurück.

Letztlich beschlossen meine Gastgeber, mich nach Friedland zu schicken, wo sich das Aufnahmelager für Aussiedler befand. Sie instruierten mich fleißig, was ich dort zu sagen hätte. Ehrlich gesagt, habe ich die Empfehlungen nicht ganz ernst genommen, weil sie überhaupt nicht zu meinem Lebenslauf passten. Als Schlesierin hätte ich sicher bessere Karten gehabt, denn es kam schon wieder die Frage, wo ich geboren sei? Ich antwortete: „In Lemberg am 4. Mai 1944. Lemberg war zu dieser Zeit noch von den Deutschen besetzt, kann man das nicht anerkennen?" – „Das könnte man schon", meinte der Lagerleiter, „wenn Sie zugeben, dass Ihre Eltern Volksdeutsche waren." Sie waren es nicht. Und lügen wollte ich natürlich nicht. Also musste ich das Lager verlassen.

Von der katholischen Mission bekam ich 150 DM. Das Geld war meine Rettung. Die 200 DM, die ich für die Reise von meinem Vater bekommen hatte, waren fast aufgebraucht. Ich fuhr erst einmal wieder zu Frau O. nach Mannheim. Von dort rief ich meine Bekannte, auch eine ehemalige Nachbarin, in Berlin an, die mich ebenfalls eingeladen hatte. Sie freute sich auf mein Kommen, und so flog ich von Frankfurt nach Berlin, denn mit dem Zug durch Ostdeutschland zu reisen war zu riskant. Mit meinen Ausreisestempeln wäre ich sofort wieder nach Hause geschickt worden.

Das war am 31. Oktober 1974, ich hatte nur noch zwei Tage Aufenthaltsrecht. Der Flug war alles andere als erfreulich, weil ich mich wegen der Zeitnot in Bedrängnis fühlte. Meine Gastgeber in Siemensstadt rieten mir daher, sofort den Asylantrag in Marienfelde zu stellen. Das war dann am

Mein Vater mit meiner Freundin Christine K., an der Berliner Mauer, ca. 1985

Christine mit Dackel Puncia, einem Geschenk von ihrem Mann und mir, mit meinem Vater und Peter K.

1. November 1974, Allerheiligen, und weil dies hier kein offizieller Feiertag war, konnte ich meinen Antrag stellen und damit meinen Aufenthalt verlängern.

Leider musste ich Ihre Gastfreundschaft auf zwei Monate ausdehnen, bis ich dann am Sylvesterabend mit Feuerwerksbegleitung eine neue Bleibe bei Frau N. in der Nähe der Kirche St. Joseph in Siemensstadt fand.

Ungefähr einenhalb Jahre dauerte es, bis ich als Asylantin anerkannt wurde. In dieser Zeit bekam ich eine Beschäftigung als Organistin in Tegel und als Musiklehrerin in Charlottenburg. In der Tegeler Gemeinde blieb ich fast dreißig Jahre lang. Ich versuchte zwar immer wieder, eine andere Anstel-

Mein Vater am Brandenburger Tor   Ich mit meinem Vater und Christine

lung entsprechend meiner Qualifikation zu bekommen, aber das gelang mir nicht. Diese vielen Jahre füllen sicher ein eigenes Buch.

Dank der politischen Konstellation in der BRD war es mir möglich, in bescheidenem Rahmen meine musikalischen Vorstellungen zu verwirklichen. Folglich habe ich in Deutschland mehr erreicht, als es in Polen je der Fall gewesen wäre.

Nach der Staatenlosigkeit habe ich später wieder die polnische Staatsangehörigkeit angenommen. Seit einiger Zeit habe ich auch die deutsche Staatsangehörigkeit.

Meine Auffassung von Musik

Die Werke Memento Mori I (1988) und besonders Memento Mori II mit dem Untertitel *„Memento, homo, quia pulvis es et in pulverem reverteris"* *(1990)* beinhalten mein künstlerisches Credo. Die von mir verwendeten lateinischen Zitate sollen verdeutlichen, was ich von Missmut, Neid und Arroganz halte. Insbesondere werde ich mich nie mit der skrupellosen Art und Weise, wie sie auch in der Musikwelt herrscht, abfinden können. Ich weiß, dass nicht nur ich immer wieder mit Rohheit und Primitivität von Seiten derjenigen, bei denen ich Beistand suchte, konfrontiert wurde. Ich denke hier vor allem an öffentliche Institutionen und natürlich auch an Privatpersonen, die eine einflussreiche Position in der Musikwelt bekleidet haben. Bei denen spürte ich nichts von künstlerischer Sensibilität, Feinfühligkeit und vor allem nichts von Solidarität gegenüber jemandem, der sich in einer prekären Situation befindet.

Vor ein paar Jahren hat mich ein Hinweis meines Bruders sehr geärgert. Er rief mich an und sagte: „Hör mal, heute habe ich über deine Musik eine merkwürdige Information in einer Enzyklopädie gelesen. Jemand behauptet, du komponierst hauptsächlich Klaviermusik und dazu im Stile Chopins!" Ich habe in meinem Leben so viele schwachsinnige Behauptungen gehört und gelesen, dass es mir im Grunde egal sein müsste, was irgendein Federfuchser über mich schreibt. Chopin könnte ich nie profanieren, nachmachen und seine Ideen verwenden, dafür liebe ich ihn viel zu sehr. Und wieder so ein Ignorant, dachte ich mir. Wer schreibt so etwas, kennt er/sie mich und meine Musik denn überhaupt? Oder beruht das Geschriebene etwa nur, wie die Polen sagen, auf Pantoffelpost, auf Gemunkel. Solche oberflächlichen Informationen sind unzutreffend und schädlich. Eine weitere davon ist die pauschale Klassifizierung meiner Musik von den „Experten" als *tonal,* was nur meinen Verdacht bestätigt, dass die Musikanalphabeten überhandgenommen haben. Denn meine Kompositionen sind weder horizontal noch vertikal im Dur-Moll-System angelegt. Und einfach aus einer konventionellen Notationsweise den Rückschluss zu ziehen, die Werke seien tonal, ist ebenso absurd. Das schließt nicht aus, dass ich auch tonale Musik für besondere Anlässe komponiert habe.

Die neue klassische Musik befindet sich für meine Begriffe in einer Sackgasse. Was man heutzutage als „neu" bezeichnet, ist oft schon längst nicht mehr neu. Man müsste sich erst einmal fragen, was unter dem Begriff „neue Musik" zu verstehen ist. Für mich stellte die neue Musik schon immer ein Faszinosum dar, mit dem ich mich bereits 1967 in meiner Diplomarbeit intensiv auseinander gesetzt habe. Insbesondere das Kriterium der Vergleichbarkeit neuer Musik mit anderen Richtungen und Künstlern ziehe ich stark in Zweifel. Gerade ihre eigene Ausdrucksweise, ihr eigenes System zu finden, macht den Reichtum und die Möglichkeiten neuer Musik aus. Und demzufolge regt es mich auch maßlos auf, wenn in Rundfunksendungen behauptet wird, dass neu nur das wäre, was experimentell ist. „Experimentelle Musik" ist eben eine Probe, ein Versuch, worauf das lateinische Wort „experimentum" hinweist.

Eine Rundfunkansage machte mich vor einiger Zeit neugierig. Nach einem Ungarischen Tanz von Brahms und der obligatorischen Reklame wurde ein Konzert in der Philharmonie angekündigt: „Im Programm sind Werke von Bartók, Strawinski und zwei Uraufführungen der jungen Komponisten XY." Ohne jegliche Ansprache folgte dann die Symphonie g-Moll von Mozart, statt eine Kostprobe von dem Programm des Abends zu bringen. Meine Neugierde wurde damit jedenfalls gründlich enttäuscht. Offensichtlich sollen Zuhörer und Käufer nicht mit moderner Musik erschreckt werden.

Selbst mein Musik liebender Zahnarzt fühlte sich von neuer Musik nicht angesprochen. „Ich gehe nicht mehr hin, sie halten die Leute für dumm", sagte er zu mir. „Wenn die neue Musik so klingt wie die Bohrmaschinen, die ich jeden Tag benutze, dann brauche ich nicht ins Konzert zu gehen." Vielleicht will er deshalb lieber Mozart hören? Aus dem Radau, der um uns herrscht, kann man leicht immer eine neue Abscheulichkeit basteln, ohne musikalisches Talent zu haben. Vielleicht sollten die Anhänger der experimentellen Musik lieber unter sich bleiben und sich von dem Anspruch verabschieden, dass ihre Musik die allein gültige wäre. Das musikalische Spektrum heute ist so breit und unüberschaubar, dass jeder seinen eigenen Liebhaberkreis hat.

Und schließlich gibt es noch die Musikkritiker, die sich berufen fühlen, über alles zu urteilen. Häufig fragt man sich, über welche Kenntnisse sie denn überhaupt verfügen. Was wäre mit einer kleinen Prüfung für die sogenannten Musikkoryphäen? Bevor sie ihre Kritiken veröffentlichen, sollten sie vielleicht einmal ein vierstimmiges Diktat schreiben. Immerhin sagt man ja auch, dass der Blinde nicht über Farben urteilen soll. Die Zahl der Experten hätte sich vermutlich gewaltig verringert, nicht unbedingt zum Nachteil für die ernsthafte klassische neue Musik.

Aber die Kritiker und die Verantwortlichen verschiedener Medien heute möchten auch gerne an der Unsterblichkeit der Künstler teilhaben. Meistens sind das diejenigen, die vielleicht Karriere gemacht hätten, aber ihnen fehlte ein Examen oder das Talent. Natürlich, es gibt auch Doktoren mit doppelter Promotion, Professoren und andere Wichtigtuer. Sie erforschen ziemlich penetrant das Werk und das Privatleben längst verstorbener Komponisten. Leider können sich die armen Musiker nicht mehr wehren. Der Franzose sagt: "Les absents ont toujours tort."

Und wenn es schon um die Zusammensetzung von Tönen geht, also um Harmonien, dann muss ich sagen, dass ich einen hohen Anspruch an meine eigenen Kompositionen stelle. Ich mag keinen musikalischen Mischmasch. Deswegen überzeugt mich auch ein Großteil des Musikschaffens aus der zweiten Hälfte des zwanzigsten Jahrhunderts mit seinem stilistischen Durcheinander nicht. Mir gefällt z.B. Prokofjiew, nicht aber Szostakowicz. Seine Musik spricht mich einfach nicht an. In meiner Schulzeit in Krakau hörte ich jede Woche zweimal das gleiche Konzertprogramm in der Philharmonie. Szostakowicz, der (nur!) dreifache Stalinpreisträger, wurde sehr oft gespielt und jedes Mal dachte ich mir: „Wie hässlich diese Musik doch ist!" Auch mit der Dramaturgie der Werke von Mahler und Schönberg konnte ich nie viel anfangen. Und wenn wir schon dabei sind: Mit der Oper habe ich überhaupt gewisse Schwierigkeiten, mit einer einzigen Ausnahme: Beethovens „Fidelio". Für mich ist „Fidelio" einfach eine wunderbare Symphonie. Selbstverständlich gefallen mir verschiedene Ouvertüren und Arien, aber die Oper als Musikform liegt mir nicht.

Ich werde nie pathetisch behaupten: „Ich liebe Musik." Dieses quasi exhibitionistische Bekenntnis leisten sich die Kollegen, die von Musik gut leben können. Mir ist Musik in die Wiege gelegt worden und sie ist mein Schicksal, zum Teil ein hartes. Mein früh entdecktes absolutes Gehör und meine frühe Begeisterung und Klavierbegabung haben meinen Lebensweg vorgezeichnet. Die Auswahl, was mir gefällt und was nicht, treffe ich immer allein. Ich bin nicht bereit, jemandem nach dem Munde zu reden und beispielweise solch banale Floskel wie „Bach ist der größte" zu verkünden. Schade, denke ich dann, dass man damals, als er gelebt hat, nicht auf die Idee gekommen ist, die Bedeutung seiner Musik gleich richtig zu würdigen. Wie gerne öffnet man Türen, die schon längst geöffnet sind oder man macht sie zu, wenn die anderen sich in ihrem Urteil vergaloppiert haben. Für die Betroffenen muss das mehr als peinlich sein.

Sakrale Musik

Mein Kontakt zur katholischen Kirche in Polen war nicht sehr eng. Es war schon reiner Zufall, dass ich ausgerechnet eine katholische Familie in Berlin kennenlernte, die mich auf die Idee brachte, mich als Organistin zu bewerben. Unsere Mutter pflegte immer eine gewisse Zurückhaltung gegenüber Menschen, die fromm waren. Aus ihrer Sicht war oft nicht nachzuvollziehen, warum es eine so große Diskrepanz gab zwischen dem, was die Leute in den Gebeten herunterleierten und dem, wie sie sich im Leben benahmen. Der vor dem Zweiten Weltkrieg übermächtigen Kirche in Polen stand sie skeptisch gegenüber und konnte we-

Meine erste Heilige Kommunion, 1956

nig Segensreiches erkennen. Die Priester hatten das Sagen. Sichtbares Zeugnis des hohen Stellenwertes der Religion in der schulischen Ausbildung war beispielsweise, dass die Religionsnote auf den Zeugnissen an erster Stelle stand. Sehr wahrscheinlich passte das meiner Mutter auch nicht. Ich weiß nur, dass ein Bruder meiner Mutter – Jozef – Ministrant war. Er musste verschiedene lateinische Texte lernen und folglich kannte diese dann auch meine Mutter auswendig.

Im Gegensatz zu ihr verfügte die Familie meines Vaters allerdings über ein stabiles Verhältnis zur katholischen Kirche. Ohne Murren gingen sie fleißig in die Kirche. Sie wollten die Tradition bewahren.

Vielleicht erstaunt es in diesem Zusammenhang, dass ich auch sakrale Texte vertont habe. Mit dem Abitur-Wahlfach Latein lag das allerdings wiederum nahe für mich und ich suchte aktiv nach einem geeigneten Text. „Media Vita", mein erstes sakrales Werk, habe ich im Dezember 1961 mit 17 Jahren komponiert. Den Text dafür bekam ich von einem Krakauer Pfarrer, dem späteren Bischof, Wacław Swierzawski. Ganz spontan hatte ich den Geistlichen auf den Planten, der berühmten Krakauer Parkanlage, angesprochen. Ich sei Komponistin und suche nach einem kurzen lateinischen Text, den ich vertonen möchte. Und in der Tat verabredeten wir uns ein paar Stunden später und er überreichte mir „Media vita". Die Legende sagt, dass der Schweizer Mönch, Notker Balbulus (814-912) die Sequenz „Media vita in morte sumus" geschrieben habe. Angeblich war er entsetzt über die zahlreichen Opfer während des Brückenbaus in den Alpen. Dieser Text hat mich spontan angesprochen, auch phonetisch war er wunderbar geeignet. Die Komposition sprach die Zuhörer an. Sie ist kurz und sehr dramatisch. Außerdem konnte sie gut aufgeführt werden, denn man benötigte nur Sopran, zwei Violinen, Cello und erst seit der 1962-er Fassung einen rezitierenden Bass dazu. In der ursprünglichen Version hat der Sopran den gesamten Text rezitiert. Das war im Übrigen mein erstes durch den Berliner Musikverlag Ries & Erler herausgegebenes Werk.

Über den Pfarrer Swierzawski erfuhr ich später, dass dessen Bruder wiederum ein Professors meines Bruders an der Technischen Universität war. Kreise schließen sich. Die schon sehr betagten Brüder Wacław und Tadeusz leben heute noch in Krakau und Sandomierz.

Die nächste Sequenz, die ich vertonte, war „Dies Irae" (1963), deren Verfasser vermutlich ein Freund des heiligen Franziskus von Assisi war. Er hieß Thomas aus Celano (1190 bis 1260). Hier verwendete ich schon eine größere Besetzung, was ich bei meinem „Stabat Mater" (1972) noch weiter ausbaute. Zu den weiteren von mir vertonten lateinischen Texten gehören noch drei Motetten, „Ave Maria" (1976), „Pater Noster" (1978) und „Kyrie" (1982). Für meinen Chor von der katholischen St. Bernhard-Gemeinde komponierte ich wunschgemäß *tonal,* außer einigen Liedern waren das auch Alleluja, Amen und Credo.

Organistenschicksal

Zu meiner Kirche hatte ich eine ambivalente Beziehung. Einerseits war ich natürlich froh, dass ich als Angestellte von dem nicht üppigen Einkommen wenigstens das Minimum meiner Existenz sichern konnte. Andererseits fühlte ich mich in dieser Kirche alles andere als aufgehoben, und das hat meine Einstellung allgemein zur Kirche als Institution verändert. Die Rolle einer Organistin ist nicht einfach. Man wird laufend mit der Meinung des Publikums konfrontiert. Man spielt entweder zu schnell, zu langsam, zu laut oder zu leise. Dann kommt noch die Auswahl der Lieder. Nicht alle Gemeindemitglieder mögen dieselben Gesänge. Das gesamte Programm der Heiligen Messe inklusive der Lieder bestimmte zwar der Pfarrer, aber der Organist wird trotzdem gerügt, wenn sie nicht gefallen. Es allen recht zu machen, ist kaum möglich. Und was machen die unzufriedenen Kirchenbesucher? Sie gehen sich beim Pfarrer beschweren. Und was macht der? Er nimmt natürlich die Seite der Klagenden ein und rügt den Organisten. Konflikte zwischen den Priestern und Organisten sind damit vorprogrammiert und oft endet es mit der vorzeitigen Trennung. So ging das anscheinend auch meinem Vorgänger. Selbstverständlich habe ich aber in den 30 Jahren auch mündlich und schriftlich sehr viel Lob geerntet. Und so war es völlig unnötig, dass dieses Lob seitens des Pfarrers oft mit einem kleinen Dämpfer versehen wurde: „Bleiben Sie auf dem Teppich, Ihr Talent ist nicht Ihr Verdienst, das haben Sie vom Gott." Oder wenn es um eine zusätzliche Bezahlung ging: „Sie spielen für Gott, nicht für uns." Es gab auch allgemeine Empfehlungen wie: „Man soll den Nächsten lieben wie sich selbst, also vor allem sich selbst", oder „Gott ist gut und verzeiht uns alle Sünden." Mit solchen Glaubensäußerungen konnte und kann ich nichts anfangen.

Alles Gute Frau Moyseowicz !

Sehr geehrte Frau Moyseowicz,

mit dem 31.03.2005 endet Ihr Arbeitsverhältnis in St. Bernhard. Ein sehr großer Wermutstropfen zeigt sich da bei uns und vermutlich auch bei Ihnen. Die Umstände, die zu diesem frühen Datum vor Ihrem gesetzlichen Arbeitsende führten, liegen nicht in unserer Gemeinde. Wir alle bedauern das sehr, sehen aber trotzdem voller Hoffnung in die Zukunft, in der Sie diese Zeit bestimmt schöpferisch nutzen. So möchten wir hier an dieser Stelle Ihr Wirken und Handeln besonders würdigen und uns ganz herzlich für Ihr Engagement und Ihren Einsatz bedanken. Wir durften Sie erleben. Ihre musikalische Ausstrahlung und Schaffenskraft wurde zum Bestandteil der Liturgie. Sie verstanden es, die gedruckten Noten durch die Art Ihrer Interpretation so mit Leben zu erfüllen, dass die Melodie den Hörer erreichte und seine Sinne angesprochen wurden.

Besonders gerne erlebten wir die Beiträge der Chorgemeinschaft. Hier haben Sie es verstanden, die Sängerinnen und Sänger zu einer Innigkeit zu formen, als wären sie eine Einheit. Sie wagten sich auch an Stücke heran, die eigentlich nicht zum Repertoire von Hobbysängern zählen. Die Krönung war Ihr Alleluja als Geschenk an die Gemeinde. Es wurde zu einer Art Hymne und immer wieder von allen gern gehört.

Sie werden bestimmt nicht die Hände in den Schoß legen. Ihre Welt ist die Musik - und in dieser Welt wünschen wir Ihnen ein gutes Zuhause. Seien Sie weiterhin so kreativ. Unser Herrgott möge Sie beschützen.

Für die Gemeinde

Manfred Woelky

Text zu meiner Entlassung, erschienen im Gemeindeboten der Gemeinde Tegel-Süd-Borsigwalde, 2005.

Das so freundlich im Gemeindebrief beschriebene Ende meines Arbeitsverhältnisses war ein vorzeitiges und von meiner Seite keineswegs gewolltes gewesen, aber die Gemeinde hatte sich aus Geldnöten zwischen dem Hausmeister und der Organistin zu entscheiden. Der „Wermutstropfen" war für

71

mich persönlich um so bitterer, weil ich in die Arbeitslosigkeit entlassen wurde und dann früher und mit deutlich geringeren Bezügen in Rente gehen musste.

Dass ich von der Gemeinde und vom Chor geschätzt wurde, zeigt auch das Gedicht, mit dem ich von den Chormitgliedern beim Abschied (in die Arbeitslosigkeit) geehrt worden bin. Das waren für mich ein Trost und eine Entschädigung, denn in der Festschrift für das fünfzigjährige Gemeindejubiläum wurde ich nach immerhin dreißigjähriger Tätigkeit nicht einmal erwähnt. Der Chor übergab mir das Gedicht nach einer fröhlichen Abschiedsfeier.

Versammelt haben sich hier und heute
Die unterschiedlichsten netten Leute.

Man kam von nah, man kam von fern
Denn alle haben die Lunka* gern.   **(Gabrie-lunka)*

Gemeinsam wollen wir einen schönen Abend gestalten
Denn ab sofort zählt sie ungerechtfertigter Weise zu den Alten.

Jahrzehntelang ließ sie unsere Orgel erklingen
Und brachte Große und Kleine zum Singen.

Ihr Orgelspiel ist wirklich grandios
Und komponieren kann sie ganz famos.

Wunderschöne Werke hat sie geschrieben
Die Anerkennung durch die Kirche jedoch ist ausgeblieben.

Auf Erden gibt es aber unzählige Personen
Die Deine Arbeit mit Anerkennung und Applaus belohnen.

Durch Deine Musik hast Du ihr Leben erleichtert
Seit jeher hat Musik die Gemüter bereichert.

Auch uns, Deinem Chor, hast Du viel gegeben
Und dafür auf einiges verzichtet im Leben.

Nicht immer haben wir es Dir leicht gemacht
Und so manchen schiefen Ton zum Vorschein gebracht.

Unermüdlich hast Du mit uns geübt und gelacht
Denn zu jeder Probe wurde ein Portion Humor mitgebracht.
Gemeinsam durften wir viel erleben
Hochzeiten, Geburten...die Einen kommen, die Anderen gehen...

Eine kleine Familie sind wir mit den Jahren geworden
Schon dafür gebührt Dir der Bundesverdienstorden.

Und weil wir uns alle so gut verstehen
Werden wir uns trotz Deiner Pensionierung weiter sehen.

Einige Überraschungen haben wir jetzt parat
Ein bisschen Musik, was zum Lachen, Buffet mit Salat.

Für die schöne Zeit wollen wir uns alle bedanken
Und nun sollst Du recht viel Freude tanken.

(Text: Michaela Parketny-Schmidt)

Ein Buch über mein Leben

Nun hatte ich Zeit, über mein Leben nachzudenken. Vielleicht zeigt jemand – irgendwann – Interesse an meiner Musik und an mir als Komponistin. Ich dachte mir, es könne doch nicht schaden, wenn man dann ein paar Informationen aus erster Hand bekommt. Ich glaubte nicht, dass ich allein über mein Leben schreiben könnte und suchte also nach einem versierten Schriftsteller. Endlich, Ende 2009, fand ich eine Autorin, die bereit war, sich mit meiner Vita auseinander zu setzen. Selbstverständlich wurde auch ein Vertrag abgeschlossen.

Für mich war alles klar, ich gebe ihr Auskunft und Material über mein Leben, sie gibt mir einen in schönem Deutsch geschriebenen Text zurück. Jeden Monat bekam sie von mir das vereinbarte Geld. Den Text bekam ich aber von ihr bis heute nicht. Immer wieder hatte sie eine Ausrede: die Familie, die Reise, die Krankheiten etc. Die Interviews fand ich zunehmend anstrengend, weil ich den Eindruck hatte, dass sie vor allem auf die Sensationen aus meinem Privatleben wartete, die ich aber nicht liefern konnte. Ich hatte keine Affären, kein ausschweifendes Privatleben, bin weder geschieden, noch kann ich von tragischen Kindheitserlebnissen berichten. Gar nichts von all dem! Dann wollte sie angeblich meine Musik verstehen. Also spielte ich Klavier, erklärte, zeigte Fotos, Dokumente, alles, was sie meiner Meinung nach überzeugen sollte, dass ich die Wahrheit erzähle. Ich hatte wohl viel zu große Erwartungen und tat das viel zu emotional, was die Kassettenaufnahmen mir im Nachhinein zeigten. Sie saß während dessen apa-

Mein Vater zu Besuch in Berlin, ca. 1986

thisch vor mir und guckte in die Weite. Ihre „Wiederbelebung" habe ich dann nur beim Kassieren festgestellt.
Nachdem sie den Termin für die Buchlieferung nicht eingehalten hat, den

Mein Bruder zu Besuch in Berlin, 2009

wir verabredet hatten, setzte ich dann einen Schlussstrich und drehte den Geldhahn zu. Hier kam dann immerhin prompt eine Reaktion: Das fand sie widerlich. Ich wollte mein Geld und die Kassetten zurück haben und so habe ich die „Autorin" verklagt. Mein Anwalt und ich dachten, das sei doch ein evidenter Betrug. Mindestens einen Teil des Geldes bekomme ich sicher zurück – samt den Kassetten. Das Ende vom Lied: Die Klage wurde abgewiesen – im Namen des Volkes. Ich fühlte mich betrogen und das ärgerte mich mehr als das Gefühl, auch noch bestohlen worden zu sein. Gelernt hatte ich, dass man einen Prozess durch ein Komma, einen Punkt oder eine nicht peinlich genaue Formulierung verliert. Schon ärgerlich! Berufung legte ich also nicht mehr ein, den Glauben an die hiesige Rechtsprechung habe ich verloren.

Begegnungen

Glücklicherweise habe ich auch andere Menschen kennen gelernt, denen meine Musik gefallen hat und die mir uneigennützig zu helfen bereit waren. Hier denke ich an Herrn Karl Adolph Klamfoth. Er war Lektor im Musikverlag Ries & Erler in Berlin. Zu diesem Verlag schickte mich ein unfreundlicher Lektor eines anderen Verlages, dem überhaupt nicht Recht war, dass ich gekommen war und ihm auch noch meine Musik anbieten wollte. Er wusste natürlich à priori, dass man von einer Frau keine richtige Musik erwarten könne. Er reichte mir die Adresse des Verlages, die er buchstäblich mit letzter Kraft noch aufgeschrieben hatte: „Gehen Sie dorthin, Ries & Erler gibt auch Frauenmusik heraus." Nach dem Gespräch mit mir war er sicher fix und fertig.

Die Begegnung mit Herrn Klamfoth war hingegen äußerst erfreulich. Ich habe einen liebenswürdigen, an neuer Musik interessierten Menschen kennen gelernt. Meine Kompositionen und mein Klavierspiel haben ihm sofort gefallen. Ihm verdanke ich eine Aufnahme im NDR in Hannover, die Uraufführung der Motette „Ave Maria" im Schleswiger Dom und die Herausgabe der Werke Media Vita, Ave Maria, Deux Caprices für Violine und zweier Klaviersonaten. Herr Klamfoth ist leider viel zu früh im Januar 1982 verstorben. Er gehörte zu den sonnigen Menschen und besaß ein allgemeines, breites, nicht nur musikalisches Wissen. In den Gesprächen war er immer voller Optimismus und Zuversicht. Einmal sagte er zu mir im Zusam-

Mit Freunden, 1994

menhang mit meiner Karriere: „Sie bauen ein Haus, einen Ziegel legen Sie auf den anderen, irgendwann steht das Haus." Sogar beim besten Willen kann ich meine „Karriere" zwar nicht mit einem Haus vergleichen, viel eher mit einer Baracke. Dennoch bezeichne ich die Bekanntschaft mit Herrn Klamfoth als eine glückliche Fügung und bin dem Schicksal sehr dankbar dafür.

Vor vielen Jahren, als ich ein „Alleluja" für meinen Chor geschrieben habe, bin ich zu einem Dirigenten im damaligen Sender Freies Berlin (SFB), der großen Berliner Rundfunkanstalt, gegangen. Immerhin hatte meine Komposition verschiedenen Chören sehr gefallen und wurde nicht nur in Berlin aufgeführt. Also dachte ich, vielleicht singt das auch einmal der Rundfunkchor. Mein Gegenüber war freundlich und machte mir durchaus Hoffnungen, dass irgendwann eine Aufführung möglich sein würde. Außerdem gab er mir aber auch einen sehr wertvollen Ratschlag: „Sie müssen so oft kommen, bis man Sie nicht mehr sehen kann, dann können Sie eventuell Erfolg haben!" So machen das eben andere und meistens erreichen auch das, was sie wollen.

Ich war nur einmal dort, das Alleluja wurde nicht gesungen. Vielleicht war ich zu stolz dazu, immer wieder vorstellig zu werden. Aber mir hätte auch die Zeit gefehlt. Als Alleinstehende musste ich immer auch alles allein bewältigen: Ich spielte in der Kirche, unterrichtete Klavier, übte Klavier und komponierte, worin ich den Sinn meines Lebens sehe. Für einen richtigen Urlaub hatte ich nie Zeit. Schwere Krankheiten raubten mir viel von meiner Energie. Mit dem Üben in meiner Mietwohnung gab es oft Schwierigkeiten wegen der vorgeschriebenen Ruhezeiten. Besonders, wenn ich öffentlich spielen sollte oder eine Aufnahme vor mir hatte, musste ich selbstverständlich mehr üben. Dann halfen mir die Firmen Steinway oder Klatt mit einem Bösendorfer-Flügel aus, und ich durfte dort üben, solange ich konnte, sogar bis in die Nacht hinein.

Mit der Reklame für die Konzerte klappte es fast nie: Im Jahr 2008 beispielsweise, als die Violinistin Weronika Ambrosio mit mir polnische Duos im Curt-Sachs-Saal des Musikinstrumentenmuseums aufführte, durfte meine Konzertagentur nicht einmal das Plakat in der Halle dort aufhängen! Ich sollte protestieren, meinten die Organisatorin des Konzertes und andere Bekannte entrüstet. Ich wollte mich nicht mit der Verwaltung des Musikinstrumentenmuseums anlegen. Das Konzert erfuhr zwar nicht die erhoffte Resonanz, war aber durchaus sehr gelungen.

Es ist schon eine Ironie des Schicksals, dass ich ausgerechnet in Polen meine wichtigsten Uraufführungen erleben durfte. So hat am 7. September 1994 in Koszalin (Köslin) mein monografisches Konzert stattgefunden. Dieses Konzert wurde am nächsten Tag im Otto-Braun-Saal in Berlin wiederholt. Die Ausführenden waren: Bronisława Kawalla und Joanna Świetlik an den Klavieren, Joanna Kawalla auf der Violine, Marcin Zalewski auf der Viola da Gamba und der Chor Sta. Allegra (Chor-Einstudierung von Monika Zytke). Es spielte das Kammerorchester der Philharmonie in Koszalin unter der Leitung von Szymon Kawalla. Auf dem Programm standen: Media Vita, Rapsod Nr. 2, Sonata Polska, Pater Noster und Memento Mori Nr. 1 und 2. Das Berliner Konzert habe ich mit Unterstützung meiner Freunde selbst organisiert und finanziert.

Am 23. Mai 1997 spielte das Symphonische Orchester meine Schattensymphonie in Kielce. Ein Jahr später, am 28. Februar 1998 hat das gleiche Orchester meine Fuga und Postludium und die oben erwähnte Schattensymphonie im Festsaal des Berliner Hiltonhotels gespielt. Beide Konzerte dirigierte Szymon Kawalla.

Und noch einmal hatte ich großes Glück, als das Orchester und der Chor der Philharmonie in Kielce mein Stabat Mater in der Basilika in Kielce uraufgeführt haben. Das war am 25. März 1999. Die Solisten waren Petra Hallberg (Mezzosopran) und Young Hee Han (Tenor), und wiederum dirigierte Szymon Kawalla.

Die Darbietungen hätten in Polen wohl nie stattgefunden, wenn ich dort gelebt hätte. Obwohl ich von Natur aus eigentlich keine Optimistin bin, hatte ich doch immer wieder die Hoffnung, dass ein Wunder geschehen und jemand nach einer freundlichen Kritik an meiner Musik Interesse zeigen würde. Leider traf ich meist auf taube Ohren. Schade, dass ich von solchen Aufführungen wie in Polen hier in Deutschland nicht einmal träumen kann. Angeblich geht es immer ums Geld. „Wer soll das bezahlen?" höre ich ständig. Irgendwie glaube ich aber nicht, dass hier nur das Geld eine Rolle spielt. Es gibt offensichtlich Barrieren, die die „etablierten" Künstler vor eventuellen Konkurrenten schützen.

Die Bereitschaft, etwas anderes, etwas Neues zu präsentieren, das man allerdings vorher einüben müsste, kommt selten vor. Dazu braucht man Zeit, Leidenschaft und Wagemut. Auf meine Frage an einen Dirigenten, einen angeblichen Befürworter der neuen Musik, ob ich ihm eine CD mit der Aufnahme meiner Schattensymphonie übersenden dürfte, bekam ich postwendend die Antwort: „Nein, der Maestro hat dafür keine Zeit." Die armen Sekretärinnen der Rundfunk-Redakteure, Dirigenten und anderen hohen Priester der Musik müssen anscheinend viel leisten. Manchmal suchen sie auch jahrelang Partituren, die die Komponisten zurück haben wollen. „Wir haben schon keinen Platz mehr für CDs, Noten und den ganzem Kram", belehren sie die Interessenten.

Also gibt es viel zu viele Komponisten. Jeder fühlt sich offenbar berufen, heutzutage etwas zu komponieren und sich dann Komponist zu nennen. Da staune ich manchmal, wenn jemand, den ich gar nicht kenne, ein paar liebenswürdige und anerkennende Worte über mich findet. 1981 erschien in der Frankfurter Allgemeinen Zeitung eine Buchbesprechung unter dem Titel „Gibt es Frauenmusik?". In der FAZ-Kritik von Eva Weissweilers Buch „Komponistinnen aus 500 Jahren" hob der Rezensent Hans J. Fröhlich immerhin hervor: „…mit dem Unterschied, dass sie (die Autorin) nahezu wahl- und kritiklos so ziemlich alle Frauen anführt, die je komponiert haben und wirklich hochbegabte Komponistinnen (wie Marianne Martinez, Ethel Smyth, Lili Boulanger, Ilse Fromm-Michaels oder Gabriela Moyseowicz) gleich ausführlich behandelt wie drittrangige oder einfach nur dilettierende (Anna Amalie von Preußen oder Corona Schröter)…"

Freunde

Mit meinem Privatleben hatte ich ziemlich viel Glück. Es ist mir gelungen, einen verlässlichen und guten Freundeskreis in Deutschland zu gewinnen. In vielen Situationen, in denen ich nicht weiß, wie ich mich verhalten soll, helfen mir meine Freunde – auch heute noch. Besonders zu Beginn meines Aufenthalts in Deutschland fühlte ich mich oft verloren. Das schlimmste

Meine Freundin Herta

79

waren die Behördenangelegenheiten. Auch zu meinen Konzerten kommen meine Freunde fleißig. Sie bilden immer den Grundstock des Publikums.

Noch etwas möchte ich unbedingt von meinen Freunden erwähnen: Sie fragten mich immer wieder nach Adressen von hilfsbedürftigen Polen und schickten eifrig Pakete und Geld dorthin. Besonders intensiv war das in den Jahren des Kriegsrechts (13. Dezember 1981) und danach. Sehr oft handelte es sich um Eltern meiner Schüler, die selbst auch nicht reich waren, die aber gern bereit waren zu helfen. Selbst staatlicherseits wurde das unterstützt, da die Pakete lange Zeit portofrei befördert werden konnten. Die Hilfsbereitschaft und Spendenfreudigkeit machte mir Deutschland und die Berliner so sympathisch.

Als ich nach Berlin kam, war die Stadt noch geteilt. Und trotzdem fühlte ich mich hier sofort wohl, weil ich die Großstadt liebe. Ich bin eine Großstädterin, in Lemberg geboren, in Danzig habe ich meine Kindheit verbracht. Leider war es mir nicht vergönnt, mich in Krakau oder Warschau niederzulassen. Berlin, die Erfolgsstadt für viel Polen, wie Rubinstein, Pola Negri, Jan Kiepura, Ignacy Jan Paderewski und andere, ist mir besonders mit dem Kurfürstendamm und Umgebung lieb geworden.

Bei einem meiner seltenen Ausflüge nach Travemünde, in den 1980-er Jahren

Mein privates Leben weckte auch nie irgendein Interesse bei den Paparazzi. Für mich musste kein Paparazzo auf einen Baum gegenüber der Kirche hochklettern, um mich beim Verlassen des Gotteshauses zu fotografieren oder mich mit dem Auto verfolgen. Dafür wurde ich reichlich von Klatschtanten und Moralaposteln an meine „unerhörten" Bemerkungen erinnert und man hielt mir entgegen: „Sie haben gesagt, dass der Meyer kein guter Komponist ist und die Novak ganz falsch gesungen hat. Und gegen den Pfarrer hatten Sie auch etwas, weil er aus der Bildzeitung vorgelesen hat, anstatt zu predigen. Über den Rundfunk haben Sie auch keine gute Meinung, Sie behaupten nämlich, dass man dort oft Blödsinn über Musik erzählt. Also staunen Sie nicht, dass Sie keine Karriere machen konnten. Der Bumerang kommt immer zurück!"

Vielleicht muss man wirklich reich sein, wenn man im künstlerischen Beruf etwas erreichen will, und zwar nicht nur an Begabung, sondern auch an Vermögen. Und es kann auch nicht schaden, ein Mann zu sein, opportunistisch sein Mäntelchen nach dem Wind zu hängen oder sich bei den wichtigen Leuten beliebt zu machen. Nun bin ich leider kein Mann und diese Tugenden sind mir fremd, und ich fürchte, auch im nächsten Leben werde ich mich hierin nicht bessern. Was man sagt, ist oft nicht gut, aber was man tut, kann viel schlimmer sein. Ich habe mein Land verlassen und dazu so ein Buch geschrieben! Die Kommentare darüber kann ich mir schon vorstellen.

In der heutigen schnelllebigen Zeit ist es wohl kein Wunder, dass niemand sich mehr die Zeit nimmt, wirklich zu recherchieren. Bei Google und in Büchern werde ich ein Jahr älter gemacht, als ich wirklich bin. Vielleicht bin ich altmodisch, aber so kleine Versehen in den Zeiten von Internet und Telekommunikation sind mir dennoch unverständlich. Schnelllebigkeit ist keine Entschuldigung für Ignoranz. Warum kann man sich nicht die Zeit nehmen, um korrekt zu recherchieren? Ich heiße Gabriela, nicht Gabriele, nahezu katastrophal ist, wie man sich unschwer vorstellen kann, die korrekte Schreibung meines Nachnamens. Man gibt sich einfach keine Mühe. Eine nette Familie aus meiner Kirche, wo ich als Organistin 30 Jahre lang gearbeitet habe, schrieb immer konsequent Mäusevitsch statt Moyseowicz.

Kaum ein berühmter Pole wurde in seinem Land groß

Zum Schluss möchte ich mich noch über eine mich bedrückende Angelegenheit äußern. Ganz am Anfang meines Aufenthalts in Berlin habe ich eine nette und hilfsbereite Familie kennengelernt, von der ich im Vorwort berichtete. Sie stammt aus dem Rheinland. Frau Siebers erzählte mir, dass sie Englisch könne, weil sie nach dem Krieg, wie viele andere Deutsche auch, nach England gefahren sei, um dort zu arbeiten. Jetzt, 69 Jahre nach dem Krieg, putzen meine polnischen Landsleute hier in Deutschland. Oft haben sie im eigenen Land keine Arbeit oder dafür nur einen Hungerlohn bekommen! Natürlich gibt es auch Neureiche, die zu Wohlstand gekommen sind. Das ist aber die Minderheit. Das polnische Volk scheint noch immer arm zu sein – und das ist tragisch!

Spaziergang an der Havel mit Goldi, 2006   Mit meinem Hund Pola, 1993

1975 habe ich angefangen, in der Musikschule Charlottenburg zu unterrichten. Dort sprach ich manchmal mit einer freundlichen Putzfrau, sie säuberte den Raum, in dem ich arbeitete. Einmal sagte sie zu mir: „Ich weiß gar nicht, wie ich den Besen in mein Auto kriegen soll, der Stiel ist zu lang." Ich dachte, ich höre nicht richtig, eine Putzfrau kommt mit dem Auto zur Arbeit? So etwas habe ich in Polen nie erlebt und sehr wahrscheinlich gibt es das auch heute noch nicht.

Vor ein paar Jahren war ich in Krakau. Die schöne Stadt hat sich sehr verändert, sie machte auf mich, noch mehr als früher, einen mittelalterlichen Eindruck. Dann wurde mir erzählt, dass die hoch verschuldete Stadt gezwungen war, die Latifundien der Katholischen Kirche zurückzugeben. Was kann man dazu noch sagen? Vielleicht, dass man im 21. Jahrhundert lebt und aus der Geschichte mehr gelernt haben sollte?

Ich träume von einem Polen, in dem sich seine Bürger nicht in der Fremde ihr Glück suchen müssen.

Werkverzeichnis

Werke, vom polnischen Kultur- und Kunstministerium gefördert
- Rapsod für Bratsche und Orchester (1968)
- „Musique en trois styles" für Geige, Violoncello und Klavier (1969)
- „Riconoscimento" zum Text von Cyprian Kamil Norwid (1968)
- Cantata Solemnis für Frauenchor, Bariton-solo und Orchester zum Text von I. Iszkowska (1969)
- III. Konzert für Klavier und Streichorchester (1971)
- „Dies irae" für Chor und 2 Flöten, 2 Oboen, 2 Fagotte, Horn, 2 Trompeten, 6 Geigen I, 5 Geigen II, 3 Bratschen, 2 Violoncelli, 2 Kontrabässe (1963)

Klavierwerke
- Konzert für zwei Klaviere D-Dur (1957)
- Variationen „Monte Cassino" für Klavier (1961)
- Orientalisches Triptychon für Klavier (1962), Anna Barawska gewidmet
- Passacaglia und Fuge für Klavier (1966/67)
- Sonate Nr. 1 (1960)
- Sonate Nr. 2 (1962), Danuta Myczkowska gewidmet
- Sonate Nr. 3 (1963), Barbara Buczek gewidmet
- Sonate Nr. 4 (1963/64)
- Sonate Nr. 5 (1973/74)
- Sonate Nr. 6 „Neumenon"(1976)
- Sonate Nr. 7 (1978)
- Sonate Nr. 7, II. Fassung (2006), Jan Fischdick gewidmet
- Sonate Nr. 8 „Concatenatio" (1981), Helga von Kügelgen gewidmet
- „Norwidiana" (1995)
- Rapsod Nr. 1 (1983/84), Detlef Gojowy gewidmet
- Rapsod Nr. 2 (1984/85)
- Rapsod Nr. 3 „Empyreum" (1989), Bettina Brand gewidmet
- „9 Moments musicaux" (Klavierfassung, 1964)

Kammermusikwerke
- „Polnische Sonate" für Violine und Klavier (1979/80)

- Sonate für Violine und Klavier Nr. 2 (1987)
- Sonate für Violoncello und Klavier Nr. 1 (1977)
- Sonate für Violoncello und Klavier Nr. 2 (1988)
- „Discours avec Mme Steingroever" für Flöte und Klavier (1993)
- „9 Moments musicaux" (Fassung für Klavier und Streichorchester, 1964)

Solowerke für Violine, Violoncello und Viola da gamba
- Zwei Capriccios für Violine solo (1972)
- Passacaglia für Violine solo (1994)
- Zwei Kanzonen für Viola da gamba solo (1980)
- Chaconne für Violoncello solo (2004)

Werke für größere Instrumentalensembles, Chor und Orchester
- Media Vita für zwei Geigen, Violoncello, Sopran, Bass-Rezitativ (1961)
- „Dies irae" für Chor und 2 Flöten, 2 Oboen, 2 Fagotte, Horn, 2 Trompeten, 6 Geigen I, 5 Geigen II, 3 Bratschen, 2 Violoncelli, 2 Kontrabässe (1963)
- „Stabat Mater" – Oratorium für Chor, Mezzosopran, Tenor, 2 Flöten, 2 Oboen, 2 Fagotte, 1 Kontrafagott, 2 Trompeten, 2 Hörner, 2 Posaunen, 1 Tuba, 2 Pauken und Streichquintett (1972/73)
- Schatten-Symphonie (1996)
- „Memento Mori I" für zwei Klaviere, Trompete, Posaune, Violine I, Violine II, Viola da gamba, Violoncello (1988)
- „Memento Mori II" für Chor, zwei Klaviere, Trompete, Posaune, Violine I, Violine II, Viola da gamba, Violoncello(1990)
- „Ave Maria" für 2 gemischte Chöre a cappella (1976)
- „Pater Noster" für 6-stimmigen Chor a cappella (1978)
- Fünf Lieder für 8-stimmigen Chor a cappella, Worte von Władysław Broniewski (1971)
- „Kyrie" für drei gemischte Chöre a cappella (1982)
- Ouvertüre „An Beethoven" für 2 Flöten, 2 Oboen, 2 Klarinetten, 2 Fagotte, 2 Trompeten, 2 Hörner, 2 Pauken und Streichquartett (1970)
- „Riconoscimento" – Worte von Cyprian Kamil Norwid, für Bass, Alt, 2 Flöten, 2 Oboen, 2 Fagotte, 2 Hörner und Streichquartett (1968)
- Trio für Violine, Horn oder Violoncello und Klavier (2010)

- II. Sinfonie für großes Orchester „Leopolis" (2010/11)
- Rapsod für Bratsche und Orchester (1968)
- Rapsod (Konzert) für Violine und Orchester (1964)
- I. Konzert für Klavier und Orchester (1960/61)
- II. Konzert für Klavier und Orchester (1965/66)
- III. Konzert für Klavier und Streicher (1971)
- IV. Konzert für Klavier und Orchester (2002)

Kirchliche Chorwerke (tonal)
- „Alleluja" für dreistimmigen Chor (1986)
- „Amen" (1989)
- „Credo" (1991)
- „Sieh, dein Licht wird kommen" (1996), Text: Marie Luise Thurmair (1971)
- „Gott, streck aus dein milde Hand" (1986), Text: Köln 1642/ EGB 1971
- „Lieber Jesu, denk ich dein" (1986), Text: Dörr, Friedrick (1986), Übertragung von „Jesus dulcis memoria" (12. Jh.)

Werke für die Musikschule in Gleiwitz
- Capriccio für Streicher (1967)
- „Marche funebre" für Violine und Orchester (1968), zum Gedenken an Direktor M. Bugiel
- „Marche funebre" (Fassung für Violoncello und Klavier, 1980)
- Fuge und Postludium für Streichorchester (1996)
- Recitatio für Tenor und Streicher zum Text von Konstanty Ildefons Gałczyński (2000)
- Concertino „Izabela" für Violine und Klavier (2005), Frau Izabela Widenka gewidmet

Gelegenheitswerke für Flöte und Klavier für Herta Steingroever
- Serenade (1997)
- „Ku'damm-Promenade" (2004)
- Moment musical (2005)
- „Wiener Palatschinken-Polka" (2008)
- „Berliner Bouletten-Marsch" (2012)

Gelegenheitskompositionen

- Chanson „Schwüle" (1989), für Angelika Maria Škoda
- Zwei rezitierte Lieder zum Text von Paul Verlaine (1989), für Angelika Maria Škoda
- Drei Lieder zum Text von Ingeborg Bachmann (2003)
- Vier Lieder für eine Stimme mit Klavierbegleitung zum Text von M. Mendes, vom Dichter bestellt (1998)
- Fanfare für den Jahreswechsel 2000 für das Hotel Steigenberger in Bad Reichenhall für 2 Trompeten, 2 Posaunen und Orgel (1999)
- Wiegenlied für Ben Rohloff für Klavier (1996)
- „Souvenir" für Klavier zu vier Händen (1992), für M. und J. Köhler
- Fünf Variatioen für Klavier (2001), für Dr. Hanna von Rintelen

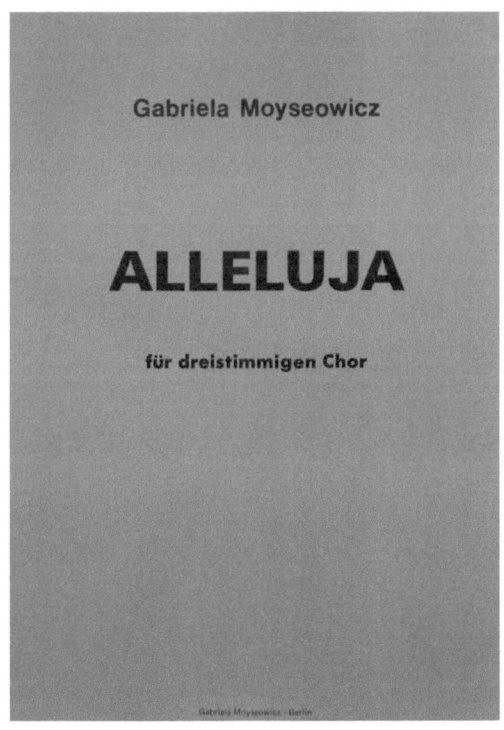

Auswahl von Konzertplakaten und Notenausgaben

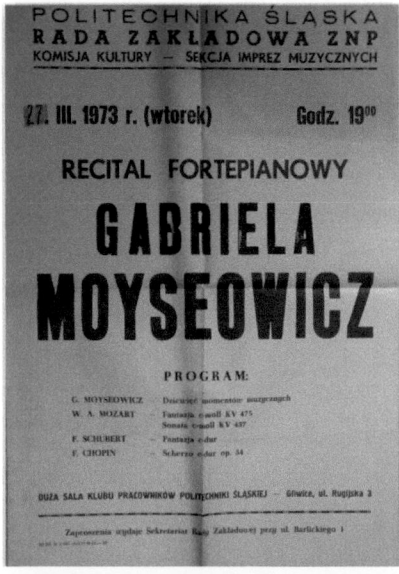

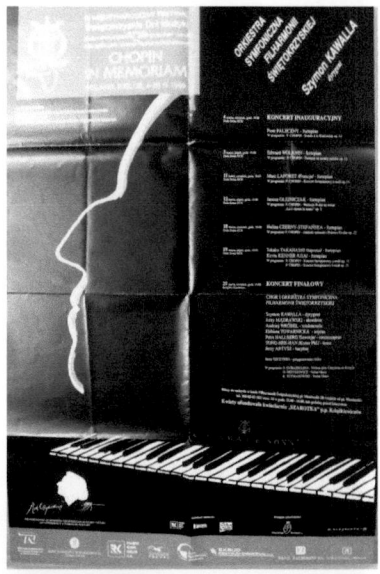

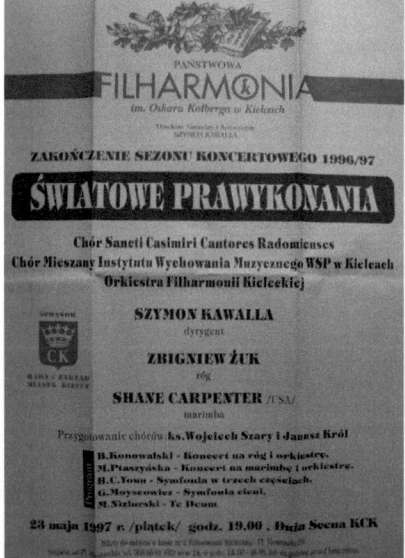

SCHLESWIGER DOMKONZERTE

Sonntag, 22. Januar 1978, 17 Uhr

Chor-Konzert

Franz Liszt: Missa Choralis für Chor und Orgel

Motetten von G. Moyseowicz und F. Mendelssohn-Bartholdy

Der Chor des Norddeutschen Rundfunks

Leitung Alexander Sumski

Eintritt 4,- DM (Schüler, Studenten 3,-)

Gabriela Moyseowicz

Stabat Mater

für gemischten Chor
Soli (Sopran u. Tenor)
und Orchester

Partitur

RIES & ERLER · BERLIN

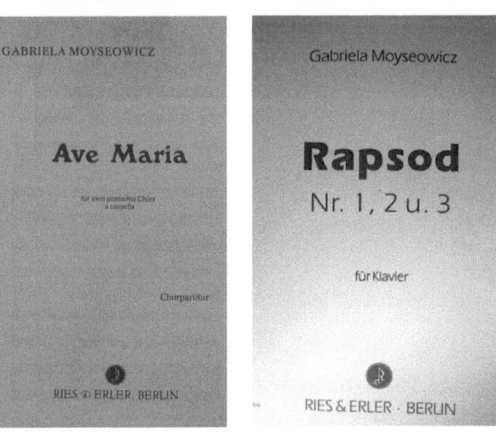

GABRIELA MOYSEOWICZ

Ave Maria

für zwei gemischte Chöre
A cappella

Chorpartitur

RIES & ERLER, BERLIN

Gabriela Moyseowicz

Rapsod

Nr. 1, 2 u. 3

für Klavier

RIES & ERLER · BERLIN

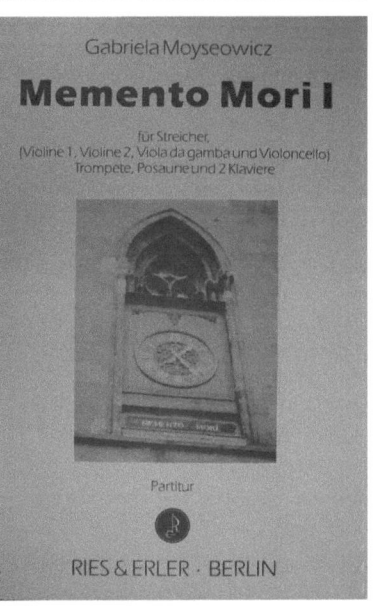

Gabriela Moyseowicz

Memento Mori I

für Streicher,
(Violine 1, Violine 2, Viola da gamba und Violoncello)
Trompete, Posaune und 2 Klaviere

Partitur

RIES & ERLER · BERLIN

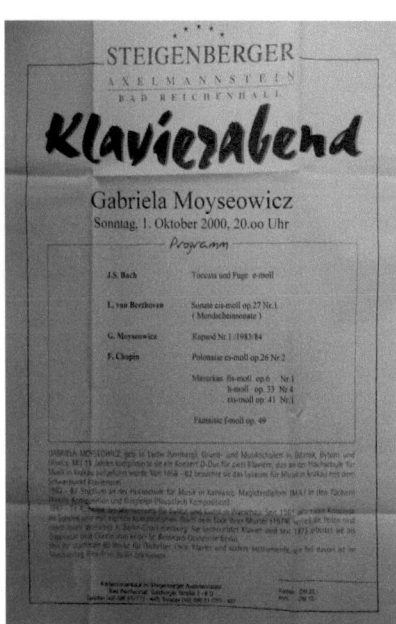

KLUB MIĘDZYNARODOWEJ PRASY I KSIĄŻKI »RUCH« ● GLIWICE, UL. MARCINA STRZODY 5

K|M
P|K

DNIA:
17.II.71.

GODZ.:
18⁰⁰

"Koncert przy świecach"

wykonawcy:
G. Moyseowicz- fortepian
I. Gradzik- skrzypce

wstęp wolny

Frédéric (Fryderyk) Chopin
1810 - 1849

Zum 150. Todestag des Komponisten veranstaltet die Deutsch-Polnische Gesellschaft Berlin e. V. eine Konzertreihe

Polnische Komponisten in Berlin

1. Abend: Mittwoch, 6. Oktober 1999, 19.30 Uhr.
Mit und über GABRIELA MOYSEOWICZ, Berlin.

2. Abend: Mittwoch, 10. November 1999, 19.30 Uhr.
BRONISLAWA KAWALLA, Warschau,
spielt Chopin und Bach.

3. Abend: Mittwoch, 8. Dezember 1999, 19.30 Uhr.
Mit und über WITOLD SZALONEK, Berlin.

Schwartzsche Villa, Großer Saal   Karten: DM 15.-
Grunewaldstraße 55   (erm. DM 10.-)
12165 Berlin-Steglitz   Vorbestellungen
(S- und U-Bahnhof Rathaus Steglitz)   unter T. 71 38 92 13

Gefördert vom Kulturamt Steglitz - Dezentrale Kulturarbeit

Weronika Ambrosio, Violine
Gabriela Moyseowicz, Klavier

Polnisches Duo

Chopin
Wieniawski
Moyseowicz

Donnerstag | 21. Februar 08 | 19 Uhr

Curt-Sachs-Saal des
Staatlichen Instituts für Musikforschung
Tiergartenstr. 1

Karten: Theaterkassen und Konzertbüro Bocher, Tel: 030/8817145

STAATSBIBLIOTHEK
Otto-Braun-Saal, Potsdamer Str. 35

KONZERTDIREKTION
HANS ADLER
BERLIN 33

Freitag, 8. Mai 1992 · 20 Uhr

Begegnung mit der Komponistin

Gabriela Moyseowicz

Gabriela Moyseowicz, Klavier · Johannes Rainer Kimstedt, Violine
Matias Oliveira de Pinto, Violoncello
G. MOYSEOWICZ: Caprice für Violine solo · Zwei Rapsod für Klavier
Violin-Sonate · Cello-Sonate

Karten Vorverkaufsstellen und Abendkasse   Änderungen vorbehalten

Festliches Konzert
Gabriela Moyseowicz

anläßl. der Benennung des Platzes
an der Justizvollzugsanstalt Tegel
nach Bernhard Lichtenberg
mit Werken von Frédéric Chopin
und Gabriela Moyseowicz

am Donnerstag, dem 7. Nov. 1985
um 19.30 Uhr im Gemeindezentrum
von St. Bernhard, Sterkrader Str. 43
1000 Berlin 27

Eintritt:
Erwachsene DM 10.-
Schüler " 6.-

Bösendorfer

Herausgegebene Werke
Erschienen beim Verlag Ries & Erler:

Ave Maria für zwei gemischte Chöre a cappella (1974)	**1977**
Zwei Klaviersonaten Nr. 3 (1963) und Noumenon-Sonate Nr. 6 (1976)	**1979**
Media Vita für Sprecher (Bass), Sopran, 2 Violinen und Violoncello (1961)	**1980**
Deux Capreces für Violine solo (1972)	**1980**
Zwei Kanzonen für Viola da gamba solo (1980)	**1981**
Sonate Nr. 2 für Klavier und Violoncello (1985/86)	**1993**
Sonata Polska für Violine und Klavier (1979/80)	**1993**
Rapsod Nr. 1 (1983/84), Rapsod Nr. 2 (1984/85) und Rapsod Nr. 3 (1989) für Klavier	**1993**
Alleluja für dreistimmigen Chor (1986) und Marche funèbre – Version für Violoncello und Klavier (1980)	**1995**
Pater Noster für gemischten Chor a cappella (1978/79)	**1995**
Passacaglia für Violine (1994)	**1996**
Memento Mori Nr. 1 für Streicher, (Violine 1, Violine 2, Viola da gamba und Violoncello), Trompete, Posaune und 2 Klaviere (1988) und Memento Mori Nr. 2 (1990) Besetzung wie bei Nr. 1 und gemischten Chor	**1996**
Discours avec Mme. Steingroever pour flûte et piano (1993)	**1996**
Stabat Mater für gemischten Chor, Soli (Sopran und Tenor) und Orchester (1972)	**2000**
Concatenatio – Sonate (Nr. 8) für Klavier (1981)	**2001**
Chaconne für Violoncello solo (2004)	**2005**

Erschienen beim Verlag primTON, Berlin:

Musique en trois styles por violon, violoncelle et piano, 1969	**2012**
Klaviersonate Nr. 7 (1978, Version II 2006)	**2012**
Fünf Kompositionen für Flöte und Klavier	**2013**
TRIO für Klavier, Violine und Horn (Cello), 2010	**2013**

Musique en trois styles por violon, violoncelle et piano, 1969; veröffentlicht 2012, Best.-Nr.: pT-N-001

Fünf Kompositionen für Flöte und Klavier, veröffentlicht 2013, Best.-Nr.: pT-N-003

Klaviersonate Nr. 7 (1978, Version II 2006), veröffentlicht 2012, Best.-Nr.: pT-N-002

TRIO für Klavier, Violine und Horn (Cello), 2010, veröffentlicht 2013, Best.-Nr.: pT-N-004

CD-Veröffentlichungen

Kompositionen von Gabriela Moyseowicz bei Westend Classics, Ries & Erler Musikverlag 2003

- Schattensymphonie für großes Orchester (1996), Sonate für Violoncello und Klavier Nr. 1 (1976–77), Concatenatio-Sonate (Nr.8) für Klavier (1981), Sonata Polska für Violine und Klavier (1979–80), Stabat Mater für gemischten Chor, Soli (Sopran und Tenor) und Orchester (1972–73)

Gabriela Moyseowicz: piano works bei AULOS-Musikado 2006 Noumenon

- Gabriela Moyseowicz (Klavier)
- Sonata (Nr. 6) Norwidiana, Rapsod Nr. 3 und Rapsod Nr. 1

Gabriela Moyseowicz: Compositions. Musical Firmament – Chambres Music bei prim-TON 2011

- Gabriela Moyseowicz (Kompositionen & Klavier), Weronika Ambrosio (Violine), Matthias Wilde (Violoncello)
- Sonate für Violine und Klavier Nr. 2 (1987), Klaviersonate Nr. 7 Version II (2006), Sonate für Klavier und Violoncello Nr. 2 (1985/86), Musique en trois styles pour violon, violoncelle et piano (1969)

Bestellnummer: pT-1051

Con molto espressione. Kompositionen von Gabriela Moyseowicz, Frédéric Chopin und Georg Schumann bei primTON 2013

- Gabriela Moyseowicz (Klavier), Weronika Ambrosio (Violine), Daniel Costello (Horn)
- Werke von Gabriela Moyseowicz: Trio für Klavier, Violine und Horn (Cello), Passacaglia für Violine (1994), Rhapsod Nr. 2 für Klavier (1984), Frédéric Chopin: Ballade F-Dur op. 38, Georg Schumann: Ballade g-Moll op. 65

Bestellnummer: pT-1052

Unter www.primton.de können Sie sich über das Programm und die Neuerscheinungen des Labels und Musikverlages informieren.

Bildnachweis

Soweit es nicht anders angegeben ist, stammen die Bilder und Dokumente aus dem Privatbesitz von Gabriela Moyseowicz.

Für die Bereitstellung weiterer Fotos danke ich:
Huckauf, Kristin: S. 28
Moyseowicz, Zbigniew: S. 9, 13, 44
Steingroever, Herta: S. 75, 76, 79, 82 l. u. r.